PAROLES TOXIQUES, PAROLES BIENFAISANTES

MICHEL LACROIX

Paroles toxiques, paroles bienfaisantes

Pour une éthique du langage

ROBERT LAFFONT

ISBN : 978-2-253-13186-1– 1re publication LGF

À Marwan
À Iskander
À Côme

Introduction

> « Qui n'a point réfléchi sur le langage n'a point réfléchi du tout. »
>
> ALAIN, *Propos sur l'éducation*, LXVI

Imaginons une espèce de détecteur de secousses sismiques qui, au lieu d'enregistrer les vibrations de l'écorce terrestre, s'appliquerait au langage utilisé par les êtres humains. Il serait conçu pour enregistrer les *secousses psychologiques* produites par les paroles que nous échangeons jour après jour, heure après heure, minute après minute.

En bougeant, l'aiguille de ce détecteur révélerait ce que le destinataire d'un mot ou d'une phrase *ressent* lorsqu'il entend ce mot ou cette phrase. Elle mesurerait l'impact émotionnel du message reçu.

L'appareil serait construit de telle sorte que l'amplitude du déplacement de l'aiguille varierait proportionnellement à l'intensité de cet impact. Ainsi, l'amplitude serait forte quand le destinataire éprouve quelque chose d'intense, et faible dans le cas contraire. Autre précision : l'aiguille se déplace vers la gauche du cadran lorsque l'impact est ressenti comme déplaisant, désagréable, pénible par le destinataire. Elle s'oriente à droite quand cet impact est ressenti comme positif.

Mettons cet appareil en fonctionnement. Promenons-le sur l'immense champ des paroles qui s'échangent continuellement entre les êtres humains. Une première surprise nous attend. L'aiguille est presque toujours en mouvement ! Elle n'arrête pas de bouger, tantôt à droite, tantôt à gauche. Il n'y a quasiment pas de phrase, pas d'échange linguistique qui ne produise chez le destinataire une vibration psychologique. Les mots sont comme des cailloux qu'on jette dans un bassin : même le plus petit d'entre eux provoque un frémissement à la surface de l'eau. Toute interaction verbale a un retentissement. Toute parole a une résonance affective. Elle agite notre sensibilité. Elle est éprouvée comme agréable ou désagréable. Elle plaît ou déplaît. Elle cause de la joie ou de la peine. Elle caresse ou agresse. Tantôt elle favorise la relation interpersonnelle, tantôt elle altère la bonne entente. Elle amuse, agace, détend l'atmosphère, suscite l'indignation, humilie, vexe, flatte, inquiète, calme, attendrit, rassure, effraie, enthousiasme, attriste, désespère, encourage, décourage.

Dans ce livre, je me propose, muni de mon détecteur de vibrations, d'explorer ce monde bourdonnant des interactions verbales. Je ne m'intéresserai pas aux paroles qui se font entendre devant de larges auditoires, celles du responsable politique s'adressant à la foule, celles du tribun, de l'homme de médias, de l'avocat dans le prétoire, toutes paroles qui relèvent de ce qu'on appelle l'art du discours ou rhétorique. Mon objectif est plus limité et en même temps plus crucial. J'analyserai la communication en face à face, interactive, la communication qui se déploie dans la sphère de l'intimité ou de groupes restreints. Délaissant l'espace public, je me mettrai à l'écoute des paroles qui circulent, discrètes, entre le Je et le Tu, au sein du couple et de la famille, dans les relations entre parents et enfants, entre les soignants et les malades, sur le lieu de travail, entre amis, dans la classe où le maître s'adresse à des élèves, dans les lieux de sociabilité, bref partout où un locuteur et un récepteur se font face et où ils peuvent dialoguer.

L'objet de ce livre est de décrire les conséquences psychologiques des « attitudes langagières », des « habitudes verbales », des « modalités communicationnelles » que nous adoptons dans toutes ces situations et de tirer de mes observations une leçon que je n'hésite pas à qualifier de « morale ». Car tel est le but ultime que je vise. De mon voyage au pays des mots et des phrases, je compte extraire une morale. Une morale qui dira comment il faut parler. Une morale du langage. Une éthique de la parole.

1

Voyage au pays des paroles

En bon cartésien, je vais d'abord classer mes observations. L'aiguille de mon appareil se déplace tantôt vers la droite, tantôt vers la gauche du cadran : cela signifie que l'impact ressenti par le destinataire du message est soit positif, soit négatif. En outre, ce déplacement peut avoir une amplitude faible ou forte : ceci indique que cet impact est modéré ou au contraire important. On obtient donc quatre possibilités, délimitant quatre catégories de messages.

La première catégorie est formée par les paroles qui font pencher l'aiguille à droite, avec une amplitude faible. Ces paroles se caractérisent par le fait que leur résonance est à la fois positive et peu profonde. Elles correspondent en premier lieu aux formules de politesse, qui sont l'accompagnement obligé des relations quotidiennes (« bonjour », « comment allez-vous ? », « merci », « pardon », « s'il vous plaît », « au revoir »). Elles correspondent, en second lieu, aux échanges rituels sur la pluie et le beau temps et autres sujets du même genre, ce bavardage banal et aimable que les linguistes appellent la *communication phatique* et que les Anglo-Saxons désignent du nom de *small talk*, la petite conversation. Ces propos sur la pluie et le beau temps, à l'évidence, ne disent rien d'important sur la réalité. Ils ne sont pas un véhicule de connaissance. Leur contenu informationnel, leur contenu « référentiel », est pauvre. En revanche, ils exercent une fonction relationnelle indispensable. Ils maintiennent l'harmonie entre les individus. C'est par ces *lieux communs* conversationnels que nous exprimons notre volonté de faire société avec les autres, c'est-à-dire de préserver un *monde commun*.

Les paroles de ce premier groupe, si nécessaires soient-elles, n'éveillent pas de sentiments intenses chez les interlocuteurs. Elles ne se situent pas sur le registre de la joie, du bonheur. On reste, avec elles, dans le domaine des sentiments que l'on peut, tout au plus, qualifier d'« agréables ». L'effet psychologique qu'elles produisent est de l'ordre de la simple « satisfaction ».

Le deuxième groupe est constitué par les paroles qui, comme les précédentes, provoquent un déplacement léger de l'aiguille, mais cette fois ce déplacement s'effectue dans la partie gauche du cadran. Les paroles de ce deuxième groupe se caractérisent donc par le fait qu'elles ont une résonance à la fois négative et peu importante. On les définirait assez exactement en disant que ce sont des paroles qui « déplaisent ». Mon détecteur est rapidement submergé par elles... Voici le flot des paroles inciviles, désinvoltes, cavalières, les paroles où percent la mauvaise humeur, les paroles maladroites, offensantes, qui malmènent l'amour-propre de l'interlocuteur ; les paroles autoritaires, ironiques, moqueuses, critiques, dépréciatives, hautaines, les paroles égocentriques qui commencent invariablement par « moi, je ».

L'aiguille de mon appareil bouge aussi en présence des personnes qui ne cessent de contredire, d'objecter, de polémiquer, multipliant les affirmations péremptoires, les jugements guillotines, toutes ces phrases tranchantes, sans réplique, manichéennes, saturées en idées préconçues, qui se meuvent dans l'air avec une sorte de virulence, ne laissant à l'interlocuteur d'autre rôle que celui d'une chambre d'enregistrement : « ce livre ne vaut rien », « cette actrice joue très mal », « cette personne est insignifiante », « les Anglais sont comme ceci ou cela », « ceci est bien, ceci n'est pas bien », « ceci est beau, cela est laid »... Face à ce dogmatisme, vous vous sentez doublement mécontent. Vous êtes mécontent de voir s'étaler une partialité qui est une offense à l'esprit, et mécontent d'être contraint au silence, car si vous vous aventurez à contredire votre interlocuteur, vous devez vous préparer à entrer dans une « discussion », prélude à une « escalade verbale »...

Mais maintenant, que se passe-t-il ? L'aiguille se met à décrire d'amples oscillations. Le détecteur vient d'entrer dans la zone des paroles à impact fort. La résonance affective que produisent ces paroles n'est plus seulement épidermique, périphérique. Elles pénètrent dans la sensibilité profonde. Elles atteignent le cœur du destinataire, son for intérieur.

Commençons par les paroles qui provoquent un déplacement à droite de l'aiguille, c'est-à-dire les paroles positives. Pour qualifier les paroles de cette troisième catégorie, l'adjectif « agréable » ne convient évidemment plus. Nous n'avons plus affaire ici seulement à des paroles qui « plaisent ». L'enjeu psychologique est beaucoup plus élevé. Nous sommes en présence des paroles qui font du bien, des paroles bienfaisantes, telles celles qui expriment la sympathie, la compréhension, la consolation envers autrui dans les moments d'épreuve : « je comprends ce que tu ressens » ; « je comprends ta peine ». Ou celles qui délivrent de la culpabilité, les paroles du pardon. Ou encore celles qui donnent confiance, qui renforcent l'estime de soi, qui apportent du courage, les paroles stimulantes, vivifiantes, qui aident autrui à clarifier ses buts d'existence, les paroles qui donnent des raisons de vivre, qui libèrent ce qu'il y a de meilleur en nous. On les emporte avec soi comme un précieux viatique. On s'en nourrit tout au long de l'existence. Ces paroles scintillent dans nos vies comme des étoiles. « De quelque mot profond, écrivait Victor Hugo, tout homme est le disciple[1]. »

Que chacun ici interroge sa mémoire... Il y trouvera, encore audible, l'écho des paroles déterminantes qui l'ont aidé, stimulé, éclairé à des moments cruciaux de sa vie. Certaines conversations avec un ami, un parent, un professeur, un guide spirituel ont agi sur nous à la manière d'un levain. Elles nous ont révélés à nous-mêmes. Elles ont décidé de notre destin. Elles ont fixé notre vocation. Quel beau mot, d'ailleurs, que la vocation ! Il renvoie, justement, par son étymologie, à l'exercice de la parole. Vocation découle du latin *vocatio*, qui veut dire « appel ».

1. *Les Contemplations*, I, VIII.

Suivre sa vocation (que celle-ci soit professionnelle, sociale, politique, artistique, spirituelle, religieuse), c'est avoir le privilège d'entendre une voix amie, une voix qui nous adresse un appel, et répondre à cette voix. Toute vocation est fille d'une parole.

2

Blessés par le langage

L'aiguille se déporte maintenant à gauche du cadran, avec une amplitude égale à celle qu'elle avait à l'instant dans la partie droite. Que se passe-t-il ? Mon détecteur vient d'entrer dans la quatrième catégorie, la zone des paroles qui font du mal, les paroles toxiques.

Le philosophe anglais Hobbes remarquait que, d'un point de vue morphologique, les êtres humains sont dépourvus de moyens d'exercer de la violence. Ils ne sont pas équipés de griffes, de cornes, de carapaces... Ils ne sécrètent pas de venin... Mais à y regarder de près, il apparaît qu'ils ne sont pas totalement démunis d'instruments d'attaque. Leurs pulsions agressives ont à leur disposition une arme naturelle d'une redoutable efficacité, une arme qui permet à l'homme d'être un « loup pour l'homme » : cette arme, c'est la langue. *Sticks and stones can break your bones, but words can break your heart.*

Voici d'abord, en vagues déferlantes, les paroles qui dénigrent, rabaissent, humilient. Citerai-je cette employée d'une maison de retraite qui interpelle un pensionnaire, assis pensivement devant son assiette : « Alors, il ne veut pas manger sa soupe, ce soir, le pépé ? » lui lance-t-elle, irritée. Ou bien ce père bien intentionné qui aide sa fille en mathématiques, mais qui, à chaque séance, ne peut contenir son impatience : « Comme tu as l'esprit lent ! s'exclame-t-il. Ton frère, lui, aurait déjà compris... » Mon détecteur affiche aussi la cohorte des paroles qui font pression sur autrui, comme pour prendre le contrôle de sa vie, ces paroles en forme d'ordres, d'injonctions, de recommandations, de conseils insistants : « fais ceci, ne fais pas cela », « tu dois, tu devrais », « à ta place, je ferais... », « tu as tort de... », « il faudrait que tu... ».

L'aiguille s'agite également en présence des assertions péremptoires, des jugements guillotines que mon appareil a rangés plus haut dans la catégorie du « désagréable », mais qui resurgissent ici avec une résonance psychologique plus profonde, car il y a un seuil où, par leur répétition, ces paroles cessent d'être simplement « impolies » ou « contrariantes » : elles deviennent tout simplement pathogènes. Elles trahissent une volonté de puissance qui asservit l'interlocuteur, le nie comme sujet. « Tu ne comptes pas, tu n'existes pas », semblent-elles dire. Combien d'enfants ont été étouffés par le dogmatisme tyrannique d'un parent-je-sais-tout !

Mon appareil détecte aussi les paroles qui manipulent le poison du chantage affectif, sans oublier celles qui jugent, cataloguent, classent : « tu es désordonné », « tu n'es pas sociable », « tu es la copie conforme de ton père », « tu es ceci, tu es cela... ». Ces étiquettes nous enferment dans une identité, elles nous assignent à résidence dans une essence. Vous croyez que vous *me* parlez, mais il n'en est rien : vous parlez *de* moi, ce qui est tout à fait différent. J'aimerais mieux, à tout prendre, que vous m'adressiez des ordres, car alors je conserverais la possibilité de protester, de me rebeller. Mais cette *mise en mots* de mon être me dépossède. Je voudrais répliquer que je suis autre chose que ce « tu », que ma personnalité est plus complexe, plus variée, plus riche... que je suis *infiniment* plus... que je suis *infini*... Mais il est trop tard. Vous m'avez réduit à une définition, vous m'avez *défini.*

Les paroles qui viennent d'être recensées par mon appareil ne sont pas toxiques, j'en conviens, lorsqu'elles sont prononcées de façon seulement occasionnelle. C'est leur répétition qui fait leur nocivité. Elles deviennent pathogènes à partir du moment où, réitérées quotidiennement, elles se figent en *habitudes langagières.*

Mais au pays des paroles négatives, il y a une zone dans laquelle il faut pénétrer maintenant, une zone où l'aiguille de mon détecteur, comme affolée, réagit avec une sensibilité particulière. Il s'agit des phrases qui n'ont pas besoin d'être dites deux fois pour faire du mal. Une seule occurrence suffit. Elles assassinent d'un coup. Elles détruisent leur cible avec la diabolique précision d'un missile. Dis seulement *une* parole, et mon âme sera... dans la détresse.

Certaines douleurs causées par nos proches ne sont dues à rien d'autre qu'à ces phrases malencontreuses, injustes, humiliantes. Comment, se demande-t-on, des lèvres aimées ont-elles laissé passer ces mots ? Certaines phrases peuvent compromettre à jamais une amitié. Deux membres d'une même famille ne se voient plus depuis vingt ans. À cause de quoi ? À cause d'une réflexion qui a échappé à l'un d'eux et qui a été ressentie par l'autre comme une offense inexpiable. Cet homme et cette femme se séparent. Que s'est-il passé ? Leur couple s'est peut-être brisé, qui sait ? en trois coups de cuillère à mots. Les psychothérapeutes savent bien que certains traumatismes psychologiques remontent à de simples faits de langage. Notre destin est parfois suspendu à des événements purement linguistiques. Telle personne, âgée de quatre-vingt-dix ans, se souvient encore, avec une émotion intense, d'une parole blessante proférée par sa mère alors qu'elle était... adolescente. Soixante-quinze ans se sont écoulés, mais, à l'évocation de ce souvenir, l'émotion, intacte, s'empare d'elle comme au premier jour.

Ces paroles sont littéralement des « malédictions », un mot dont l'étymologie nous rappelle que le mal que se font les êtres humains ne relève, bien souvent, que de la « diction », c'est-à-dire du langage.

Mon détecteur n'en finit pas de débusquer ces paroles porteuses de souffrance, qui restent gravées dans notre mémoire avec la précision d'un procès-verbal. Ces paroles font sentir leurs effets tout au long de la vie. Elles rongent notre intériorité. Et ce sont elles qui, souvent, nous conduisent dans le cabinet du psychothérapeute. Que font les patients, la plupart du temps, si ce n'est, précisément, tenter d'exorciser la douleur des mots ?

3

Je suis responsable de mes paroles

Cette première exploration du pays des paroles nous a révélé quelque chose de capital que l'on pourrait formuler ainsi : dès l'instant où j'ouvre la bouche pour parler à mon semblable, je porte une responsabilité. Je suis responsable de l'impact psychologique de mes paroles.

Ma responsabilité est évidemment *mineure* quand je me contente de prononcer des paroles à retentissement faible, c'est-à-dire qui seront ressenties par mon interlocuteur comme agréables ou désagréables, aimables ou contrariantes. Dans ce cas, en effet, le préjudice que je risque de lui causer ne dépassera pas le niveau du simple « désagrément », tandis que le bienfait que je suis susceptible de lui apporter n'ira pas au-delà de la simple « satisfaction ». Par contre, ma responsabilité est *majeure* si je prononce des paroles à impact fort, des paroles à résonance profonde, car ce qui est en cause alors n'est rien moins que la joie ou la peine d'autrui, son bonheur ou son malheur, son épanouissement ou son désespoir.

Dans tous les cas, j'ai à répondre de ce que je dis. Le bien ou le mal sortent de ma bouche. Prendre conscience de cette responsabilité, de *ma* responsabilité de sujet parlant, est le point de départ d'une éthique de la parole.

Les philosophes ont trop souvent, dans le passé, envisagé les problèmes éthiques sous l'angle exclusif de l'action. Ils ont privilégié une conception « activiste » de la morale, conception qui fut en grande partie le résultat de l'influence exercée par Kant. Pour Kant, en effet, la question clé de la morale était celle du « faire », de l'« agir ». Que dois-je faire? *Was soll ich tun?* demande Kant. Cette interrogation constitue la pierre angulaire de sa *Critique de la raison pratique.* En liant la question morale et celle de l'action, Kant et ses successeurs ont imposé l'idée que la valeur morale d'un individu se mesure presque exclusivement à l'aune des actions concrètes qu'il accomplit. Que fais-tu pour les autres? Quels efforts, quelle énergie dépenses-tu en leur faveur? Quelle contribution apportes-tu à la société? Quels ont été tes engagements, tes entreprises, tes réalisations, tes sacrifices? De Kant à Emmanuel Mounier, des catholiques sociaux du XIXᵉ aux existentialistes du XXᵉ siècle, ces questions ont été au centre de la réflexion morale.

Il serait absurde de nier l'importance de ces questions. Mais il faut bien voir qu'elles ne recouvrent qu'une partie du champ de la morale. Car nous ne sommes pas seulement des sujets agissants. Nous sommes aussi des sujets parlants. Le monde humain est tissé de nos interactions verbales autant que de nos actions. Nous sommes des êtres de langage. Nous baignons dans la communication. Par suite, le bien et le mal que nous accomplissons ne dépendent pas uniquement de ce que nous nous *faisons* les uns aux autres, mais aussi de ce que nous nous *disons*. La bonté et la méchanceté ne résident pas seulement dans l'agir. Elles sont aussi logées, parfois insidieusement, dans les mots qui sortent de nos lèvres. Le langage est un lieu d'élection de nos bienfaits et de nos méfaits.

« L'homme est la somme de ses actes », écrivait André Malraux. Le livre que le lecteur tient entre ses mains est, d'une certaine manière, une protestation contre ce qu'une telle formule a d'outrageusement simplificateur. N'en déplaise à Malraux, les mots comptent autant que les actes. Je suis aussi la somme de mes paroles. La somme immense, vertigineuse, incalculable des paroles que j'ai prononcées au cours de ma vie, des paroles sorties de moi, envolées, éparpillées, dispersées depuis longtemps, comme des oiseaux partis aux quatre coins du monde.

Des paroles oubliées de moi... mais non de ceux à qui je les ai adressées, ceux à qui elles ont fait du bien ou du mal, ceux qu'elles ont plongés dans la joie ou l'affliction, et dans la mémoire de qui elles continuent, soyons-en sûrs, de résonner.

4

Quand la communication devient pathogène

Nous avons effectué une première reconnaissance au pays des paroles et, ce faisant, commencé de prendre conscience de la responsabilité qui incombe au « sujet parlant ». Il faut maintenant poursuivre notre réflexion en l'étayant sur les travaux de chercheurs qui ont étudié d'un point de vue scientifique les effets pathologiques du langage. Nous nous intéresserons en particulier à des études cliniques qui mettent en évidence le mécanisme par lequel la parole intrafamiliale, et plus spécialement *parentale*, est susceptible, dans certains cas, de perturber gravement le développement psychologique de l'enfant.

L'école de Palo Alto, d'abord. Elle a été en pointe dans ce type de recherches. Sous ce nom, on désigne un groupe de chercheurs qui, à partir des années 1950, travaillèrent ensemble dans la petite ville de Palo Alto, située à proximité de San Francisco. Parmi ces chercheurs, il y avait un anthropologue d'origine anglaise,

Gregory Bateson (1904-1980), et un philosophe et psychanalyste d'origine autrichienne, Paul Watzlawick (1921-2007). L'une de leurs hypothèses de base était que de nombreux problèmes catalogués ordinairement comme « psychiatriques » relèvent en fait de la communication. Pour comprendre la genèse des maladies mentales, expliquaient-ils, il faut cesser de considérer l'individu isolément, comme si cet individu présentait on ne sait quelle propriété mystérieuse qui serait la « maladie ». Il faut plutôt s'interroger sur le type d'échanges verbaux pratiqués par l'entourage de ce prétendu malade. Il importe donc de replacer l'individu dans le système des interactions langagières quotidiennes au sein duquel il vit. La maladie psychiatrique résulte de ces échanges verbaux. Le patient n'est pas malade parce qu'en lui quelque chose ne « fonctionne pas » : il est malade, insistait l'école de Palo Alto, parce qu'il est soumis à des échanges familiaux qui, eux, ne fonctionnent pas. C'est le système de communication qui est pathologique.

De ce point de vue, une des formes de communication qui se révèlent le plus pathogènes est l'« injonction paradoxale » ou « double contrainte » (*double bind* en anglais). Sous ce nom, l'école de Palo Alto désignait un message véhiculant deux informations contradictoires.

Prenons le cas d'un professeur qui dirait à ses élèves : « Soyez spontanés. » Il leur adresse une invitation à se comporter de façon libre, mais, en même temps, cette invitation leur est présentée sous la forme d'un ordre, ce qui est contradictoire avec l'idée de liberté. À travers un message unique, les élèves sont donc soumis à deux messages qui se contredisent. Ils entendent une chose et son contraire. En toute rigueur, la consigne est impossible à appliquer. Les élèves sont dans une impasse.

Certes, dans ce cas, le *double bind* reste anodin. Il relève d'une simple maladresse d'expression, et n'a qu'un caractère ponctuel. Il est donc vraisemblable qu'il ne causera pas de dommage psychologique. Mais d'autres formes de *double bind* peuvent se révéler plus nocives. Enracinées profondément dans le système de communication, elles génèrent des troubles de la personnalité. Ce fut le grand mérite des chercheurs de Palo Alto de débusquer leur présence insidieuse dans le discours parental.

Voici deux exemples rapportés par l'École, deux exemples qui nous feront toucher du doigt le caractère pathogène que peut prendre la communication intrafamiliale. Nous allons présenter ces exemples en leur donnant un aspect général, car, loin de constituer des cas cliniques exceptionnels, ils reflètent des situations fréquentes de la vie familiale.

Le premier exemple est celui d'une mère qui, face aux demandes de tendresse de son enfant, réagit systématiquement de la façon suivante. Elle lui répond : « Bien sûr, tu es mon enfant chéri », mais en prononçant ces mots d'une voix impatiente et agacée. D'un point de vue strictement sémantique, les paroles qu'elle adresse à son enfant se veulent rassurantes et affectueuses. Mais l'inflexion de la voix, et peut-être aussi la gestuelle, la posture, le regard, démentent ce témoignage de tendresse. Ce que la mère exprime au niveau verbal est contredit, sans qu'elle s'en rende compte, au niveau non verbal. La mère ne perçoit pas cette discordance, mais son enfant, lui, la perçoit. L'école de Palo Alto a montré que, s'il est soumis de façon continuelle à une telle communication ambivalente, l'enfant sera gravement perturbé.

Le deuxième exemple est celui d'un père qui adopte envers son fils une attitude caractérisée par une demande de perfection absolue : « Je veux que tu sois parfait, lui dit-il. Je veux que tu sois conforme à l'image idéale que j'ai de toi. Tu dois être un modèle pour tes frères et sœurs. » « J'attends aussi, ajoute ce père exigeant, que tu sois entièrement soumis à ma volonté. Sois toujours obéissant et respectueux. Enfin, il faut que tu me rendes l'amour que je te donne. Aime-moi inconditionnellement. »

Il est indifférent que le père *dise* cela de façon explicite ou qu'il se contente de le *faire comprendre* à travers les ordres, les reproches, les prières, les encouragements, les éloges, les témoignages d'affection et les demandes d'affection dont, jour après jour, il accable son fils. Le résultat sera le même. Le fils se voit soumis à une attente écrasante.

À la rigueur, il pourrait échapper à l'emprise étouffante de ce père possessif et autoritaire. Il y parviendra au prix d'une difficile conquête de soi-même, à travers des conflits aigus, mais enfin il y parviendra. N'est-ce pas le sort commun de beaucoup d'êtres humains d'avoir à se délivrer du désir de leurs parents ?

Seulement, ce père abusif ajoute ceci à sa demande : « Je veux, déclare-t-il, que tu sois un garçon tout à fait autonome. Je veux que tu agisses librement. » L'injonction paternelle revêt alors la forme caractéristique du *double bind.* Il y a maintenant une contradiction dans le message que le père adresse à son fils et cette contradiction est insoluble. Sois soumis à mon désir, lui ordonnet-il, mais n'oublie pas de suivre ton propre désir. Sois dépendant de ma volonté et, en même temps, sache t'affranchir de ma volonté. Sois un fils aimant, mais n'hésite pas à couper les liens affectifs qui t'attachent à moi afin de voler de tes propres ailes. Grandis... mais ne grandis pas. Deviens un adulte... mais reste un enfant.

Si le père pratique en permanence cette injonction paradoxale, si celle-ci constitue son mode habituel de communication, le fils sera confronté à des difficultés existentielles qu'il ne parviendra pas à surmonter. La construction même de son identité deviendra une tâche impossible. Qui suis-je? se demandera-t-il. Quel être dois-je devenir? Est-ce l'enfant parfait, voulu par mon père, un enfant soumis, respectueux, dévotement attaché à lui, façonné par son désir? Ou l'enfant autonome, libre, *voulu également* (c'est le paradoxe) par mon père, un enfant libre de faire ce qu'il veut, libre par conséquent de ne pas aimer son père, de l'« envoyer promener », libre de ne pas faire l'effort d'être parfait? La contradiction contenue dans la parole paternelle se resserre alors sur l'enfant comme un nœud coulant.

L'école de Palo Alto a montré que, dans certains cas, pour un enfant prisonnier d'une communication paradoxale de ce type, il n'y a pas d'autre issue que de se réfugier dans la « maladie mentale ». À cet égard, l'un des apports majeurs de l'École a été sa contribution à la compréhension de la *schizophrénie.* La schizophrénie, explique-t-elle, n'est pas l'aboutissement d'un organisme psychique qui serait intrinsèquement malade. Elle est la résultante du système linguistique dans lequel l'individu est piégé, et dont il ne peut s'échapper qu'en tombant malade. La schizophrénie, résumait Paul Watzlawick, est

« la seule réaction possible à un contexte où la communication est absurde et intenable[1] ».

Il serait imprudent de notre part d'affirmer que l'école de Palo Alto a identifié *la* cause de la schizophrénie. Ce n'est pas ici le lieu de trancher un débat qui relève de la psychiatrie et sur lequel, au demeurant, la communauté scientifique est divisée. À tout le moins pouvons-nous admettre que le système de communication constitue *une* des causes possibles de cette maladie mentale. La schizophrénie a probablement, elle a *sûrement* aussi une étiologie de nature organique, que l'exploration biochimique du cerveau mettra en évidence un jour. Il reste que, nonobstant leur caractère systématique, les recherches de Palo Alto comportent une leçon qui doit être entendue. Aucune réflexion sur la responsabilité du sujet parlant, telle que notre livre entend la mener, ne peut ignorer ce décryptage de la parole pathogène.

---

1. P. Watzlawick, J. Helnick-Beavin, D. Jackson, *Une logique de la communication*, Le Seuil, 1972.

5

Genèse de la « personnalité autoritaire »

Après l'école de Palo Alto, l'école de Francfort. Entre 1944 et 1950, une enquête fut menée aux États-Unis par le Département de recherches scientifiques de l'American Jewish Committee. Cette enquête, nous allons le voir, constitue une pièce importante à verser à notre dossier.

Ses principaux auteurs étaient les philosophes Theodor Adorno et Max Horkheimer, ainsi que le psychologue Else Frenkel-Brunswik. Les deux premiers étaient issus de ce qu'on appelle l'école de Francfort, un des hauts lieux de la sociologie contemporaine. Ils avaient quitté l'Allemagne à l'époque de Hitler et poursuivaient leur carrière universitaire aux États-Unis. Leurs travaux, publiés en 1950 sous le titre *The Authoritarian Personality* et traduits en langue française (partiellement, hélas) en 2007[1], représentent une date marquante dans l'histoire de la psycho-sociologie en raison de leur méthodologie rigoureuse

1. *Études sur la personnalité autoritaire*, Allia, 2007.

(ils s'appuyaient notamment sur des questionnaires, des entretiens non directifs et des tests projectifs tel le TAT[1]) et en raison de l'envergure de leurs auteurs.

L'objectif de l'enquête était défini de façon précise. Il s'agissait de comprendre pourquoi un grand nombre d'Européens avaient été séduits, au cours des années 1930, par les idéologies fascistes et antisémites. Adorno et son équipe s'orientèrent vers une explication d'ordre *psychologique.* Ils montrèrent que le succès de la propagande fasciste était dû à la présence, chez les populations concernées, de traits psychologiques spécifiques, des traits qui rendaient ces populations réceptives aux thèmes extrémistes. Ils montrèrent également que ces traits s'organisaient en un ensemble cohérent, un « type psychologique », auquel ils donnèrent le nom de *personnalité autoritaire.* Ils l'opposèrent à un autre type, en tous points différent, la *personnalité démocratique.* Pour les auteurs de l'enquête, les individus se partageaient en deux types psychologiques antinomiques. La prévalence de la personnalité autoritaire dans une population expliquait que celle-ci puisse basculer dans le fascisme.

Les chercheurs s'écartaient donc de la caractérologie qui tenait le haut du pavé dans la psychologie de l'époque. Cette caractérologie dominante avait été fondée par Heymans et Wiersma au début du XXe siècle. Popularisée par le fameux *Traité de caractérologie* de René Le Senne paru en 1945, elle dénombrait huit types

1. *Thematic Apperception Test* : test dû à l'Américain H. A. Murray, destiné à mettre en évidence les traits de la personnalité. Il consiste en séries d'images sans légende. Le sujet doit dire ce qu'elles représentent pour lui ou imaginer quelque histoire à leur propos.

psychologiques différents : le passionné, le sentimental, le flegmatique, le sanguin, l'apathique, le colérique, l'amorphe, le nerveux. Chacun de ces types se reflétait dans une manière particulière de conduire sa vie personnelle, mais, insistaient Heymans et Wiersma, ces types n'avaient pas d'incidence sur la vie collective. Ils ne constituaient pas des facteurs déterminants de l'orientation politique d'une nation.

Adorno et son équipe ouvraient une voie différente : d'une part, ils distinguaient deux types et non pas huit comme Heymans et Wiersma, mais surtout ils considéraient que ces deux types caractérologiques n'étaient pas cantonnés dans la sphère de la vie intime. Ils avaient une incidence sur la vie collective. La prévalence de l'un ou l'autre de ces deux types chez un peuple déterminé était susceptible d'influencer profondément le destin politique de celui-ci.

Selon la description des auteurs, les individus appartenant au type autoritaire présentent une première caractéristique : ils aiment l'autorité. Ils la respectent inconditionnellement, sous quelque forme qu'elle se présente : l'autorité des professeurs, des parents, des patrons, des dirigeants politiques, des membres du clergé, des juges, des policiers... Très logiquement, ils accordent aussi une grande importance aux valeurs d'ordre et d'obéissance. Ils sont attachés de façon rigide aux conventions. Ils ont un souci obsessionnel de ce qui « se fait » et « ne se fait pas ». Ils ont une propension à se mettre en face des autres en position de jugement. Ce sont des moralisateurs invétérés, qui pratiquent volontiers la *stigmatisation* et ont tendance à percevoir la société à travers un prisme sommairement manichéen :

celle-ci, à leurs yeux, se partage entre les honnêtes gens et les délinquants, les bons et les méchants.

Les individus du type autoritaire ont également une faible tolérance par rapport aux opinions différentes des leurs. Ils sont réceptifs aux *théories de la décadence* : ils pensent que le monde est entraîné dans un déclin irrémédiable. Leur mode de pensée est souvent conspirationniste, d'où une tendance à désigner des coupables, des boucs émissaires, lesquels seront choisis de préférence parmi les Juifs, les étrangers, les populations de race différente... Enfin, un dernier trait caractérise les personnalités autoritaires : leur surmoi est fort, exigeant, voire tyrannique, ce qui se traduit par un refoulement puissant des pulsions sexuelles et, d'une manière générale, de tout ce qui relève de l'émotion et du sentiment.

La personnalité démocratique se définit en miroir par rapport aux différents points que nous venons d'énumérer : elle se manifeste, en particulier, par l'aptitude à critiquer l'autorité, par l'attachement souple aux conventions, par la modération dans les jugements, l'acceptation de la différence, la capacité d'autocritique, la faible réceptivité aux préjugés racistes et antisémites.

Une fois décrits ces deux types psychologiques, il restait aux auteurs de l'enquête à aborder l'épineuse question de leur genèse. Quels facteurs expliquent qu'un individu appartienne à l'un ou l'autre de ces types ? Adorno et son équipe acquirent très vite la conviction que ces deux types n'étaient pas déterminés génétiquement. Ils n'étaient pas de l'ordre de l'inné. L'enquête révéla que la structure de la personnalité est le fruit de l'*éducation*. Elle est de l'ordre de l'acquis. C'est dans le creuset familial que se forgent les deux types de personnalités. Il y a des parents qui fabriquent des personnalités autoritaires, et des parents qui fabriquent des personnalités démocratiques.

Mais ce n'est pas tout. En analysant de façon minutieuse ces deux types opposés d'éducation, les auteurs de l'enquête s'aperçurent qu'ils se ramenaient, en fin de compte, à deux styles opposés de communication. La *manière de parler* à l'enfant s'avérait être le facteur décisif. Certes, l'analyse du *langage éducatif* comme tel n'était pas l'objectif visé initialement par l'enquête. Il n'en reste pas moins que lorsqu'on lit les neuf cent quatre-vingt-neuf pages de l'édition complète en langue anglaise, on est frappé par le fait que la question du langage surgit de façon récurrente. Elle constitue, en quelque sorte, la ligne de fuite vers laquelle convergent la plupart des analyses menées par les chercheurs de l'American Jewish Committee. « La structure de la relation parents-enfants, envisagée du point de vue des interactions verbales, conditionne la structure profonde de la personnalité », résumaient les auteurs dans la conclusion de l'ouvrage.

Arrêtons-nous ici un instant car nous sommes au cœur même de notre sujet. Les deux types de milieux éducatifs, expliquaient les auteurs de l'enquête, se distinguent par le style des échanges linguistiques. Dans l'éducation conduisant à la personnalité autoritaire, l'enfant est bombardé de messages sur ce qui « se fait » et « ne se fait pas ». Il se voit sans cesse imposer des vérités toutes faites. Ses parents lui assènent toutes sortes d'a priori, d'idées préconçues, de préjugés. Ils se répandent en jugements moralisateurs, catégoriques, le plus souvent dépréciatifs. Ils soulignent les côtés négatifs de leurs semblables, plutôt que les côtés positifs. Ils affectionnent les phrases généralisantes commençant par « les gens » : « les gens sont mal élevés... », « les gens sont égoïstes... », « les gens sont ceci ou cela ». Pour se faire obéir de leur enfant, ils recourent fréquemment à la menace, au chantage, à la culpabilisation, à l'humiliation. Ils lui témoignent peu de compréhension psychologique, et ils censurent l'expression de ses émotions et de ses sentiments. Ils lui donnent peu de signes de tendresse.

À l'inverse, le style d'éducation qui conduit au type démocratique se caractérise par des échanges questionnants, laissant place au doute, au dialogue, aux opinions différentes : « je me demande si... », « il me semble que... », « qu'en penses-tu ? ». Les parents qui pratiquent ce style d'éducation ont le souci de justifier les règles, en faisant appel à la raison et à la bonne volonté de leur enfant : « On doit faire ceci, on ne doit pas faire cela, leur disent-ils, pour telle raison ou telle raison. » Ils s'efforcent d'établir leur autorité sur le consentement. Ils sont plus interrogatifs qu'assertifs. Ils sont à l'écoute des émotions éprouvées par l'enfant et lui manifestent de l'empathie.

En résumé : d'un côté, le langage de la répression, de l'injonction, de la dépréciation, du dogmatisme, de l'intolérance, du préjugé, de l'exclusion ; de l'autre, le langage du questionnement, de la tolérance, du dialogue.

Dès lors, nous voyons se dérouler sous nos yeux toute la chaîne des causes et des effets. Le but de l'enquête, rappelons-le, était d'expliquer le succès des idéologies fascistes et antisémites. Les enquêteurs arrivaient finalement à la conclusion suivante : ce succès a été rendu possible parce que, dans certains pays (l'Allemagne, mais aussi l'Autriche, l'Italie, la Hongrie, la Roumanie), il y avait eu un terrain psychologique favorable, caractérisé par la prévalence du type autoritaire. Sur ce « terreau caractérologique », les thèmes fascistes et raciaux n'avaient eu aucune peine à prospérer. Or les auteurs de l'enquête mettaient en évidence le fait que cette structure de personnalité découlait d'un certain style d'éducation et que ce style d'éducation se ramenait, à son tour, à un certain style de communication intrafamiliale. Le fascisme était sorti d'une matrice éducative, laquelle était constituée, pour l'essentiel, d'un certain type d'échanges verbaux.

Le rôle clé du langage se voyait ainsi spectaculairement mis en lumière. La parole était promue au rang de facteur déterminant : pour Adorno et son équipe, le destin tragique de l'Europe dans l'entre-deux-guerres avait été scellé dans le creuset des échanges, des petites phrases, des injonctions, des jugements, dont l'enfant, jour après jour, est le témoin, l'objet, la victime.

Cet ouvrage magistral nous enseigne que les événements de l'Histoire avec un grand H ne sont pas sans rapport avec cette chose en apparence anodine, banale, triviale, qu'est le *bain langagier* dans lequel l'enfant est immergé. Ce qui se dit dans la sphère intime éclate tôt ou tard sur la scène publique. Ce qui s'énonce discrètement entre le Je et le Tu retentit, à un moment ou à un autre, sur la scène du monde. Entre le microcosme familial et le macrocosme politique, il n'y a pas de discontinuité : il y a, au contraire, une relation de causalité directe.

L'enquête d'Adorno nous permet donc de compléter utilement notre réflexion sur les dangers d'une parole déshumanisée et d'apporter une nouvelle pierre à la construction de notre éthique de la parole. L'école de Palo Alto, on l'a vu au chapitre précédent, dénonçait les effets toxiques de la parole sur l'individu isolé ; avec l'école de Francfort, le mal cesse d'être seulement individuel pour prendre une dimension sociale. La parole révèle sa nocivité non plus seulement à l'égard de l'individu, mais à l'égard de la civilisation tout entière.

Soixante ans après sa publication, la recherche d'Adorno et de son équipe garde toute sa pertinence. Elle est même, si l'on y réfléchit, d'une brûlante actualité. Car il y a, dans le monde d'aujourd'hui, des idéologies qui n'ont rien à envier à celles qui enflammèrent les esprits dans les années 1930. Ce qui s'appelait autrefois fascisme, nazisme, totalitarisme a pour nom de nos jours intégrisme, terrorisme, communautarisme identitaire, fanatisme, islamo-fascisme... Quant à l'antisémitisme, il resurgit avec une violence redoublée. L'enquête sur la personnalité autoritaire nous avertit que de tels fantasmes idéologiques continueront de séduire les masses tant qu'il y aura des formes d'éducation visant non pas à éveiller l'esprit critique et le sens de la liberté, mais à modeler la jeunesse par une parole répressive, obscurantiste, manichéenne, distillant le ressentiment et les préjugés. Cette parole produit inexorablement des personnalités autoritaires, c'est-à-dire des personnalités qui ne peuvent dénouer leurs tensions intérieures et calmer leur mal de vivre qu'en se jetant à leur tour dans la haine et la violence.

6

La fabrique de l'humain

Les travaux de l'école de Palo Alto sur la schizophrénie et de l'American Jewish Committee sur la personnalité autoritaire nous ont aidé à analyser de façon scientifique les mécanismes de la parole pathogène. Ils nous ont conforté dans l'idée qui est à la base de ce livre, à savoir que, dès que nous parlons, nous avons une responsabilité envers autrui.

Mais cette responsabilité est plus grande encore qu'il n'y paraît au premier abord. Car le langage n'est pas seulement la cause du bien et du mal *faits à l'homme*. Il est aussi ce qui *fait l'homme*. Il est faiseur d'hommes. Le langage est ce qui nous constitue comme être humain. Nous sommes façonnés par lui.

C'est ce qu'avaient très bien vu les sophistes grecs, comme Gorgias ou Protagoras. Platon a, d'une manière bien injuste, jeté l'anathème sur ces philosophes du Ve siècle avant notre ère, et c'est sous son influence que le mot « sophiste » a pris un sens péjoratif. L'auteur de

La République leur reprochait d'être des rhéteurs sans convictions, des virtuoses de la parole, des relativistes. Il leur faisait grief de ne croire ni dans les dieux, ni dans aucune espèce de vérité absolue.

Mais les sophistes se considéraient avant tout comme des éducateurs et ils croyaient essentiellement à une chose : c'est que le langage a une vertu formatrice. Pénétrés de la noblesse de leur tâche d'éducateurs, ils voyaient dans le langage la clé de voûte de toute pédagogie. À leurs yeux, le *logos* était l'outil privilégié de l'*anthropo-poïesis*, la fabrique de l'humain. Notre nature, notre essence, disaient-ils en substance, est faite de langage. Nous sommes tissés de paroles. Les mots sont constitutifs de notre être. Pour le dire autrement : ce n'est pas *parce que nous sommes humains* que nous parlons ; nous sommes humains *parce que nous parlons et parce qu'on nous parle.*

Tout ce que la psychologie du XXe siècle nous a appris au sujet du développement humain confirme l'intuition des sophistes. La psychologie a notamment mis en évidence le fait que ce processus de *fabrication de l'homme par le logos* commence dès la naissance. Aussi loin que nous remontions dans notre vie, la parole était présente. Elle était présente dans les exclamations de joie qui nous ont accueillis, dans les tendres murmures de notre mère et de notre père penchés sur notre berceau, prononçant notre prénom avec ravissement : Thomas, Aude, Aurore... Dès les premiers instants de notre vie, ce modelage verbal de notre être s'est mis en marche. J'ai été configuré par les deux syllabes qui forment le prénom dont on m'a désigné, Michel, puis, tout au long de mon enfance, par les mots et les phrases qui n'ont cessé de se répandre sur ce prénom : paroles de tendresse, de confiance, d'émerveillement, d'empathie, de reproche, de menace...

De même que les protéines contenues dans les aliments dont je me suis nourri ont fabriqué mon organisme, les paroles dans lesquelles j'ai été immergé ont fabriqué mon psychisme. Les protéines sont les briques du corps ; les paroles sont les briques de l'âme. Paraphrasant Descartes, on pourrait écrire : « Je parle, donc je suis. » Ou plus exactement : « Les autres *me* parlent, donc je suis. » Je suis le précipité de leurs paroles. Leur verbe s'est incorporé en moi. C'est ce rôle *vital* du langage que soulignait le grand linguiste Émile Benveniste, dans une formule laconique qui, au-delà de son apparente banalité, se révèle très profonde, pour peu qu'on prenne le temps de la méditer : « Le langage sert à vivre », écrivait-il[1].

C'est pourquoi on peut affirmer que la parole est la clé de l'identité personnelle. La réponse à la question « Qui suis-je ? » ne doit pas être cherchée seulement, comme on a trop tendance à le faire de nos jours, dans la communauté, la nation, la terre, l'ethnie, la famille, la religion au sein desquelles l'individu est « enraciné ». Certes, je me définis, en partie, par ces appartenances sociologiques : je suis français, né à Rennes ou à Marseille, chrétien, juif ou musulman, issu d'une famille de commerçants, de professeurs ou d'agriculteurs... Je me définis aussi, comme le rappellent à juste titre les philosophes existentialistes,

1. Ceci s'applique évidemment aussi au langage des sourds-muets.

par ce que je *fais*, et notamment par mon activité professionnelle : je suis médecin, libraire, artisan, commercial, violoniste, journaliste... Je suis, à certains égards, comme le disait Malraux, la « somme de mes actes », la somme de mes tâches professionnelles, de mes engagements, de mes projets, de mes œuvres. Je suis un peu tout cela... Mais le secret le plus profond de mon moi est ailleurs. En fait, je suis surtout « enraciné » dans... le terreau des paroles. Mon identité résulte des échanges langagiers dans lesquels j'ai été plongé depuis les premières heures de ma vie. Mon identité réside dans la manière dont les autres m'ont désigné, m'ont parlé, ont parlé *de moi.* Elle réside aussi dans la manière dont *je parle de moi.* Avoir une identité, c'est à la fois être mis en mots *par* les autres, et *se mettre en mots.*

Ceci, notons-le, reste vrai jusqu'au crépuscule de la vie, et peut-être plus encore à ce moment terminal qu'à toute autre période de l'existence. Car quand il sait que l'heure de sa mort est proche, que fait l'être humain ? De façon révélatrice, il récapitule sa vie. Il en rassemble les fils. Il rassemble les fils de sa vie dans un récit. Un récit de vie qui peut être écrit ou oral, peu importe. Par cette narration de soi-même, l'être humain qui va mourir parachève son identité. Il se fabrique ce que Paul Ricœur appelle si justement une « identité narrative[1] ». Il s'efforce de donner, rétrospectivement, du sens à ce qu'il a vécu. Et nous le savons bien : cet être humain quittera la vie plus sereinement s'il y a auprès de lui un parent, un soignant, un bénévole, un ami, un prêtre, un accom-

1. *Soi-même comme un autre*, Le Seuil, 1997.

pagnant pour recueillir cette parole, pour entendre cette mise en mots de soi.

Ce n'est pas tout. Le langage rend compte à la fois de ce qu'il y a d'universel et de particulier en moi. Car d'une part il est constitutif de mon humanité, et d'autre part il rend compte de la spécificité de mon histoire personnelle. Il est à la fois le socle commun à tous les êtres humains et l'explication de leurs différences. Le langage est ce par quoi je peux déclarer : « J'appartiens au genre humain », et, simultanément, un principe de différenciation, un facteur de psychodiversité, qui m'autorise à affirmer : « Je suis Michel Lacroix, un être irréductible à tout autre. »

Pour comprendre les ressorts secrets d'une personne, on n'a besoin, en définitive, de savoir qu'une seule chose : dans quel *bain verbal* cet être a-t-il été plongé ? De quel nid langagier est-il tombé ? Donnez-moi le script des conversations qu'il a entendues, la bande magnétique des échanges verbaux auxquels il a été soumis : ce document biographique me suffira pour comprendre le fond de son être ! Je ne réclame rien d'autre que cette archive sonore. Décrivez-moi le champ verbal où cette graine est tombée et où elle a mûri. De quelles paroles cette femme, cet homme ont-ils été les témoins ? Comment t'ont parlé tes parents, tes nourrices, tes professeurs ? Comment parlait-on *de* toi ? Quelle place occupais-tu dans le discours parental ? Dans le désir, dans l'inquiétude, dans les colères, les regrets, les frustrations de tes parents...

Comment te parlait-on des autres, des choses, des événements, du monde tout entier ? Quels mots de confiance, d'amour, de consolation, de reproche, d'étonnement, d'encouragement, d'empathie, de réprimande, de conseil, de compréhension, de partage, de gronderie, d'humour, de dédain, de respect, d'indifférence, de culpabilisation, d'enthousiasme, d'intolérance, de dogmatisme as-tu entendus ? Quels vrais dialogues ? Quels faux dialogues ? Quelles intonations tendres, affectueuses, sèches, autoritaires, froides accompagnaient les messages qu'on t'adressait ? Quels désaccords, quelles dissonances y avait-il entre *ce* qu'on te disait et la *manière* dont on le disait, entre le verbal et le non-verbal ? Quels stimuli linguistiques ont nourri ton développement ? Quels mots t'ont accablé, t'ont fait douter, t'ont désespéré ? Quels non-dits ont troublé ton bonheur ?

Dis-moi ce que fut ce langage, je te dirai qui tu es. Tu as été façonné par ces paroles. Ta personnalité a été pétrie par elles. Qu'on me laisse dérouler la bande d'enregistrement sur laquelle ces paroles sont gravées, ne serait-ce que sur une durée d'un mois : j'en saurai assez, j'aurai accès à ce qu'il y a de plus intime en toi. Je découvrirai ton âme...

Quand on comprend ce rôle clé du langage dans l'édification du moi, quand on mesure la place qu'il occupe dans le processus de construction de l'identité personnelle, quand on prend conscience du fait que la parole n'est pas seulement une cause de joie ou de peine, de bonheur ou de souffrance – mais que, fondamentalement, elle est, comme le disaient les sophistes, faiseuse d'hommes, c'est-à-dire fabricatrice de l'humain, bref, quand on prend conscience que *l'acte du logos est véri-*

tablement un acte de procréation –, alors la question de la responsabilité du sujet parlant qui est au centre de ce livre apparaît dans toute sa dimension. Cette question est proprement vertigineuse. De sorte qu'on ne devrait s'approcher du langage qu'avec « crainte et tremblement ».

7

Le langage au cœur des valeurs contemporaines

Nous allons maintenant faire un pas supplémentaire en direction de l'éthique de la parole. Non pas en ajoutant de nouvelles preuves de l'impact du langage sur nos vies : sur ce point, les chapitres précédents ont accumulé suffisamment de faits probants. La perspective de ce chapitre est différente. Nous allons nous demander si l'idée même d'une éthique de la parole est déjà présente, ne serait-ce que de façon embryonnaire, dans les débats actuels sur les valeurs. Y a-t-il, dans la conscience collective contemporaine, des signes dénotant un souci de moraliser le langage ? Si oui, cela voudra dire que, loin d'être une idée saugrenue, l'éthique de la parole répond à une attente réelle, et que son heure est venue.

Pour cela, nous allons sélectionner trois valeurs que la société contemporaine considère comme primordiales, trois valeurs auxquelles les individus sont profondément attachés, et nous nous demanderons quels rapports elles entretiennent avec le langage.

Première valeur, la non-violence. L'un des principes les plus profondément ancrés dans la conscience morale contemporaine est le rejet de la violence comme moyen de régler les conflits. Aux yeux des femmes et des hommes de notre temps, seuls sont moralement acceptables les règlements pacifiques. Ce principe s'applique aussi bien aux conflits de la sphère privée (les rapports conjugaux, les relations de voisinage, etc.) qu'à ceux de la sphère sociale, politique, internationale. Dans tous ces domaines, le recours à la violence est jugé moralement inadmissible.

Ce faisant, notre époque tourne résolument le dos aux apologies de la violence qui séduisirent nos ancêtres à une époque qui, si l'on y réfléchit, n'est pas très éloignée de nous. Faut-il le rappeler ? De Robespierre à Marx, de Hegel à Nietzsche, des fascistes des années 1930 aux communistes des années 1950, d'innombrables philosophes, idéologues, leaders politiques ont justifié l'usage de la force. Ils ont exalté les luttes qui font couler le sang : la lutte des classes, la lutte des nations, la lutte des races. À leurs yeux, le combat guerrier était un moyen parfaitement légitime d'atteindre son objectif, que celui-ci soit la révolution, le triomphe du prolétariat, la victoire d'une race qui se jugeait supérieure, la colonisation des peuples extra-européens ou l'expansion nationale. Fort heureusement, plus personne aujourd'hui (à l'exception des terroristes) n'articule de telles apologies. Nous avons définitivement balayé ces spéculations. Nous avons enterré ces justifications.

Or, il est évident que rejeter la violence comme moyen de résolution des conflits revient à mettre la parole en première ligne. Car l'alternative est simple : ou bien les hommes règlent leurs différends par la force, ou bien ils se mettent à discuter. Soit on recourt au langage des armes, soit on utilise l'arme du langage. Dire non aux solutions de force, c'est, *ipso facto*, accepter d'entrer dans le monde des mots : accepter d'« exposer » ses griefs (c'est-à-dire de les traduire sous la forme du discours), accepter de s'asseoir à la table de négociation, s'expliquer, écouter son adversaire, entendre ses arguments, argumenter à son tour, faire face aux objections, chercher un compromis, trouver une formule de conciliation... Tout cela ressortit au langage. Cette obligation de dialogue concerne désormais les relations entre États, entre partis politiques, classes sociales, partenaires sociaux, groupes de pression, communautés ethniques ou religieuses, etc. À tous ces niveaux, la morale contemporaine exige une « bonne volonté discutante ».

Concluons donc ce premier point en disant que la valeur de la non-violence est indissociable d'une éthique de la parole.

Considérons maintenant une deuxième valeur qui, à l'instar de la précédente, occupe une place centrale dans notre système éthique. Il s'agit de la dignité. Respecter la dignité de la personne humaine consiste à traiter cette dernière comme un sujet à part entière et non pas comme un simple objet ou, pour reprendre la formule kantienne, à traiter la personne « comme une fin et non comme un moyen ». Je respecte la dignité de mon prochain si je refuse de le réduire à une force de travail utilisable à des fins économiques, à un objet sexuel destiné à satisfaire mon désir, à un instrument d'expérimentation visant à faire progresser la recherche, à une cible publicitaire, etc.

La mise en pratique de la valeur de dignité suppose évidemment que les individus bénéficient de conditions d'existence *décentes.* La dignité est, en premier lieu, une question d'ordre matériel. La qualité de l'habitat, la jouissance des biens de consommation, la possibilité d'exercer un emploi, l'accès aux lieux de loisir et de culture, la protection des lois, la sécurité sont nécessaires pour assurer aux individus une vie digne. La dignité suppose donc l'accomplissement par la société d'un certain nombre d'actions de nature économique ou administrative visant à remplir ces conditions. La dignité se traduit d'abord dans l'ordre du « faire », de l'« agir ».

Mais la dignité relève aussi du registre des mots. Elle doit avoir, si l'on peut dire, une « déclinaison parlée ». Car les individus ne réclament pas seulement des avantages matériels. Ils réclament aussi de la considération, ils sont en quête de reconnaissance. Or celle-ci ne dépend pas tant de ce qu'on *fait* pour eux que de ce qu'on leur *dit.* La dignité des individus est étroitement liée à la manière dont on *leur* parle et dont on parle d'*eux.* Ce devoir-parler est aussi important que le devoir-agir. L'employé face à son patron, l'immigré dans le pays qui l'accueille, l'élève devant son professeur, le membre d'une minorité ethnique, religieuse, sexuelle envisagent leur dignité comme une *place dans le langage.* Ils la conçoivent comme la reconnaissance d'un certain *statut dans l'ordre du symbolique.*

À cet égard, il est révélateur de voir quelles revendications ont élevées les grands mouvements qui furent en pointe dans le combat contemporain pour la dignité, à savoir le féminisme, l'antiracisme, la lutte contre l'antisémitisme, la lutte des homosexuels contre la discrimination. Ces mouvements ont fait entendre des revendications qui ont concerné, pour une grande part, la *sémantique*. Ils ont livré un combat acharné au niveau des mots, afin d'obtenir l'éradication des discours et des qualificatifs attentatoires à leur dignité. Ils se sont battus dans le périmètre du vocabulaire. Ils ont réussi à imposer une autre façon de parler, ce qui s'est traduit par la condamnation des propos racistes, antisémites, homophobes, sexistes, qui tombent désormais sous le coup des lois pénales.

À tous ceux qu'irritent ces entraves à la parole et qui se plaignent de voir que l'expression de certaines opinions constitue désormais un délit passible de poursuites judiciaires, il faut rappeler les terribles effets pervers que, dans la période de l'entre-deux-guerres, entraînait la liberté totale de parole qui régnait alors. La lecture de la presse de l'époque, du *Populaire* à *Gringoire*, montre de façon éloquente que les propos antisémites, racistes, homophobes, sexistes s'étalaient sans retenue. La campagne antisémite dont Léon Blum fit l'objet n'est qu'un exemple, parmi d'autres, des humiliations verbales ignobles que subissaient alors les minorités.

Ainsi, nous constatons à propos de la dignité le même phénomène que dans le cas de la non-violence. Pour être mise en œuvre, la dignité réclame une modification de nos comportements linguistiques, c'est-à-dire une éthique de la parole.

Venons-en à une troisième valeur qui, elle aussi, occupe une place prépondérante dans l'éthique actuelle.

Il s'agit de la solidarité. Avec la solidarité, on est plongé tout d'abord, c'est évident, au cœur de l'action. Cette action se déroule tantôt sur le plan institutionnel (notamment à travers l'aide sociale et la Sécurité sociale), tantôt sur le plan du bénévolat. Imagine-t-on une solidarité qui ne se traduirait pas par des actes? Se contenter de *parler* de la solidarité, de la prôner, de la prêcher sans prendre la peine de la mettre en pratique serait faire preuve d'une insupportable hypocrisie. L'objet de la solidarité est donc, avant tout, de *faire* quelque chose pour les autres, et de le faire, si possible, avec efficacité. En ce sens, la valeur de la solidarité constitue une parfaite illustration de la philosophie morale qui, dans le droit fil de Kant, des catholiques sociaux, des marxistes, de Sartre, d'Emmanuel Mounier, donne la primauté à l'action.

Et pourtant... À y regarder de près, on s'aperçoit que la solidarité est, elle aussi, une affaire de langage. Elle doit, elle aussi, se mettre en musique verbale. Elle réclame un accompagnement linguistique. Car chacun sait que l'on peut très facilement, et sans même s'en rendre compte, *démentir* les actions généreuses que l'on est en train d'accomplir. Il suffit de prononcer des mots maladroits, inadéquats, blessants. Bénévole engagé dans le soutien scolaire, ou dans l'alphabétisation des étrangers, ou dans l'accompagnement des handicapés, je peux annuler la valeur des services que je rends en adoptant une attitude condescendante, à l'instar des bourgeois paternalistes du XIXe qui se penchaient sur le sort des malheureux en bienfaiteurs imbus de leur supériorité : leur mépris corrompait leur générosité. Fonctionnaire chargé du traitement d'un dossier d'aide sociale, je peux manquer au devoir d'écoute, d'information, de respect envers le justiciable qui se tient en face de moi.

La solidarité ne peut donc se contenter de raisonner en termes d'efficacité. Il ne suffit pas d'agir, de « faire ce qu'il faut ». Il faut aussi veiller à la qualité relationnelle, laquelle est, essentiellement, de l'ordre du langage. Il faut qu'il y ait un accord entre ce que je *fais* pour autrui et ce que je lui *dis*, une consonance entre les paroles et les œuvres.

Ce qui ressort de l'analyse de ces trois valeurs représentatives des exigences éthiques contemporaines est donc clair : pour être mises en pratique, elles doivent se traduire non seulement en actes, mais aussi en paroles. Ces valeurs impliquent le « parler-à » tout autant que l'« agir-pour ». Elles réclament l'engagement dans l'action, certes, mais pour produire leur plein effet, pour parvenir à leur plein épanouissement, elles doivent aussi être vivifiées par un souci du langage, qui est très exactement l'objet de l'éthique de la parole.

Qu'on me permette de recourir, pour exprimer ma pensée, à une métaphore empruntée à la géométrie. La géométrie nous apprend qu'une *ellipse* est une figure qui, contrairement au cercle, présente la particularité de posséder deux centres, deux foyers. C'est ce qui la distingue du cercle. À partir de ces deux foyers, les rayons décrivent une circonférence de forme ovale, qui est caractéristique de l'ellipse. Eh bien, on pourrait dire que l'éthique contemporaine est une sorte d'ellipse, car elle a, elle aussi, deux foyers. L'un de ces foyers est l'action, l'autre est le langage. L'éthique de l'action et l'éthique de la parole sont les deux foyers de la morale contemporaine. Dans le premier foyer, la question que se pose l'individu est celle que soulevait Kant : *Que dois-je faire ?* Dans le second foyer, la question cruciale qui est posée est celle-là même qui guide ce livre : *Que dois-je dire ?*

8

Les règles de la parole éthique

... Que dois-je dire ? Justement, le moment est venu d'apporter une réponse détaillée à cette question. Voici donc, telles que je les conçois, les règles de la parole éthique.

Première règle : ma parole doit être *polie.*

Basiquement, banalement, prosaïquement polie. Ma parole doit faciliter l'échange avec mes semblables. Elle doit maintenir une ouverture vers eux. Elle doit créer, consolider, et au besoin réparer les liens interpersonnels. C'est le rôle que remplissent les formules de salutation, d'accueil, de remerciement, d'excuse, de congé. Les mots « bonjour », « merci », « pardon », « au revoir », « s'il vous plaît » sont des éléments structurants de la vie en société. Sans eux, celle-ci deviendrait vite insupportable. Et les parents le savent bien : sitôt que leur enfant articule ses premières syllabes, ils veillent à ce que ce répertoire de *mots de liaison* fasse partie de son vocabulaire.

À ce stade, soulignons-le, il ne s'agit pas d'user de la parole pour plaire, pour séduire, pour se montrer à son avantage, pour paraître élégant et raffiné. Ce motif de réputation, qui a trop souvent détourné la politesse vers une finalité qui n'était pas la sienne, n'entre pas ici en ligne de compte. La parole polie n'a d'autre but que d'être fonctionnelle. Elle vise à mettre de l'huile dans les rouages. Elle atteste de notre volonté de *faire société* avec nos semblables. Elle réduit les risques de conflictualité. Elle est un signal adressé à nos semblables par lequel nous les assurons que nous sommes bien disposés envers eux et que, si un différend surgissait, nous nous efforcerions de le résoudre par des moyens pacifiques.

Deuxième règle : ma parole doit être *attentionnée.*

Je fais attention à autrui quand je le considère comme un être sensible, un être sensible qui me ressemble. Je postule que la personne qui se tient devant moi réagit comme moi, qu'elle éprouve les mêmes émotions et les mêmes sentiments que moi, qu'elle est capable, comme moi, de plaisir et de peine, de joie et de contrariété. Et, tout comme moi, elle est vulnérable en deux points éminemment fragiles, relevant de l'intimité la plus profonde : l'amour-propre et la pudeur.

La parole attentionnée évite donc tout propos susceptible de blesser l'amour-propre ou d'offenser la pudeur. Elle est délicate, prévenante, pleine de ménagements. Elle ne fait pas intrusion dans l'intimité d'autrui par des questions ou des remarques indiscrètes. Elle ne fait pas perdre la face à l'interlocuteur. Elle a le souci de plaire, mais elle manie l'éloge et le compliment à bon escient, en évitant la flatterie, qui est souvent plus offensante que le dénigrement.

La parole attentionnée est aussi une parole qui ne se met pas en avant. Il ne s'agit pas seulement de veiller à la « circulation de la parole », au « partage de la parole ». Cet aspect quantitatif est, certes, un aspect important de l'attention respectueuse à autrui, mais ce n'est pas l'essentiel. Ne pas se mettre en avant, c'est surtout se garder d'être péremptoire. Ma parole ne doit pas trancher les questions avec une assertivité catégorique, qu'autrui ressentira inévitablement comme un déni de sa présence. Quand je m'exprime, je dois laisser à mon interlocuteur, dans une sorte de pointillé, la possibilité d'exprimer une opinion différente. Je dois ralentir la vitesse de mes jugements, atténuer leur impact. Au besoin, je les enveloppe dans le voile de la litote. Bref, pour qu'autrui puisse *exister en tant qu'être sensible*, il ne faut pas que, de mon côté, je veuille *exister de façon ostensible.*

Troisième règle : ma parole doit être *positive.*

Cette obligation de positivité s'éclaire par analogie avec ce qu'on appelle la « pensée positive ». Celle-ci désigne, on le sait, une attitude psychologique faite d'optimisme et de confiance dans ses propres capacités. La pensée positive consiste à croire dans son potentiel. La parole positive vise le même objectif, à ceci près qu'au lieu d'être dirigée vers moi-même, elle s'exerce au profit d'autrui. Ma parole est positive quand je donne à autrui des raisons de croire en lui-même. Je renforce sa confiance dans ses capacités, dans ses aptitudes. Je m'interdis les prophéties négatives telles que « tu ne pourras pas », « ce but est hors de ta portée », « tu n'en as pas les moyens ». Je déclare au contraire : « suis ton projet », « va jusqu'au bout », « poursuis ton rêve », « tu peux y arriver », « lance-toi », « tu réussiras »...

La parole positive assume donc une responsabilité plus lourde que la parole simplement attentionnée, et, a fortiori, que la parole polie. Il ne s'agit pas seulement de ménager la sensibilité d'autrui, de lui être agréable, de lui plaire. Il s'agit de l'*encourager*, c'est-à-dire de lui insuffler le courage d'entreprendre. La parole positive communique de l'énergie, elle crée un courant d'enthousiasme. Elle aide autrui dans sa dynamique d'épanouissement. Elle l'accompagne dans sa démarche de réalisation. Elle révèle autrui à lui-même. Elle prend en charge son destin. « Puisse ma parole être pour toi la chance d'un éveil » : telle est la maxime de la parole positive.

Quatrième règle : ma parole doit être *respectueuse des absents.*

Le respect des autres ne se mesure pas seulement à la manière dont nous parlons *avec eux* quand ils sont présents, mais aussi à la manière dont nous parlons *d'eux* lorsqu'ils sont absents. Or, force est de constater que l'un de nos passe-temps favoris est de commenter les faits et gestes de nos semblables quand ils ne sont pas là. Nous mettons beaucoup d'application à dresser la comptabilité de leurs défauts, de leurs mérites, de leurs erreurs. Et, ordinairement, nous distribuons plus généreusement les mauvais points que les bons. Cette évaluation dénigrante n'épargne ni nos amis ni les membres de notre famille.

La ruse de la médisance est de se présenter sous l'habit respectable de l'observation objective car la médisance ne s'avoue jamais médisante... Elle se revendique de la lucidité, de l'esprit critique. Elle invoque le droit à l'examen. Et quand bien même elle ne serait pas calomnieuse et ne forgerait pas des allégations imaginaires ? Quand bien même elle serait impartiale ? Qu'est-ce qui m'autorise à me placer par rapport aux absents dans une position de *jugement* ?

On paraît toujours quelque peu moralisateur quand on dit du mal de la médisance. Alceste, le héros du *Misanthrope*, en fait l'expérience quand il s'élève contre Célimène. Celle-ci a beau jeu de lui répliquer, en substance : « Qu'est-ce que cette retenue ? Les êtres humains ont des travers, et mieux vaut en rire qu'en pleurer. Usez vous aussi de votre esprit critique... » Face à Célimène et à ses joyeux amis, Alceste apparaît donc comme un rabat-joie. Mais au fond de nous-mêmes, nous savons bien que c'est lui qui a raison[1].

1. Alceste a raison sur la question de la médisance... mais pas dans d'autres domaines où, au nom du principe de vérité, il enfreint les règles les plus élémentaires de la civilité.

9

La parole tolérante

Cinquième règle : ma parole doit être *tolérante.* Elle doit être accueillante à la diversité des opinions.

Cette règle est plus que jamais nécessaire. Car nous vivons dans une société profondément pluraliste, où les convictions politiques, morales, religieuses sont animées par une sorte de force centrifuge qui les éparpille sur toute la largeur du spectre.

La parole tolérante consiste en premier lieu en une manière non violente d'exposer son point de vue. Je dois venir dans les lieux d'échange, dans les espaces de discussion avec l'intention d'exprimer mes idées de façon paisible, rationnelle, cohérente. Je dois être sincère et dénué de mauvaise foi. Je dois accepter d'entendre des opinions différentes de la mienne. Car être tolérant, ce n'est pas se contenter d'une coexistence molle et indifférente des points de vue (« je pense ceci ; tu penses autrement ; je m'en f... complètement »). C'est maintenir la possibilité d'un dialogue, en déclarant à son interlocuteur :

« Mettons-nous d'accord pour confronter sereinement nos désaccords. »

Ce devoir de tolérance, objectera-t-on, concerne des questions qui sont généralement débattues dans l'espace public, c'est-à-dire les assemblées législatives, les partis politiques, les forums, les groupes de pression, la presse, les plateaux de télévision, les émissions de radio. Dès lors, en l'introduisant dans notre éthique de la parole, est-ce que nous ne nous écartons pas de l'objectif que nous nous sommes fixé dans ce livre, objectif qui, rappelons-le, concerne les échanges privés, la communication en face à face, et non la parole publique ?

Cependant, il y a deux raisons d'intégrer le devoir de tolérance dans notre éthique. La première est que la plupart des questions qui occupent le débat public occupent aussi l'espace intime. Loin d'être cantonnées dans la sphère publique, elles s'invitent dans la sphère privée. Elles animent les discussions au sein du couple, à la table familiale, entre amis. Il est loin le temps où le code de la conversation de salon interdisait d'aborder les sujets qui fâchent, tels que la politique ou la religion... Cette censure ridicule a été abrogée.

La seconde raison est que la sphère privée est le lieu où s'effectuent les premiers apprentissages de la tolérance. Avant d'être une vertu civique, celle-ci est une vertu privée. On s'initie à elle en écoutant ses parents, nos premiers modèles, et c'est un beau cadeau que ces derniers font à leurs enfants quand ils leur donnent le spectacle de deux adultes capables de confronter leurs opinions de façon respectueuse.

On s'initie à elle également à l'école, qui est par excellence un espace de communication interactive et qui, à ce titre, relève de notre sujet. L'école enseigne aux élèves à s'exprimer devant leurs pairs et leurs maîtres de façon rationnelle. L'exercice d'une parole libre, argumentée, modérée, respectueuse est un objectif pédagogique majeur. Un objectif qui doit être rappelé avec force aujourd'hui... Car de mauvaises passions fermentent dans la communauté scolaire. Dans les collèges et les lycées, on assiste à une insidieuse « ethnicisation » des rapports humains et à une montée des revendications identitaires, qui entravent la communication. Les élèves de confession différente ont de plus en plus de mal à dialoguer. Dans de nombreux établissements, les professeurs ne peuvent plus aborder certains sujets (le darwinisme, la Shoah, la colonisation, les Lumières, etc.) sans que des élèves leur opposent leur credo politique ou religieux.

C'est pourquoi il est impératif de rappeler que la « bonne volonté discutante et écoutante » (autre nom de la tolérance) est le fondement de la démocratie, et que, à ce titre, elle constitue l'une des principales finalités du système éducatif.

10

Le langage, un abri pour le monde

Sixième règle : ma parole doit se considérer comme la *gardienne du monde.*

Les cinq premières règles nous ont enseigné comment autrui doit être traité. La parole, avons-nous dit, doit être polie, attentionnée, positive, respectueuse des absents et tolérante. Mais il ne suffit pas de veiller à la place d'autrui dans le discours. Il faut aussi s'interroger sur celle du *monde.* Car le champ de la parole s'étend au-delà du cercle des personnes. Il englobe le monde tout entier. Au moyen des mots, je parle non seulement *avec* les êtres humains et *des* êtres humains. Je parle aussi de *tout* ce qui existe. Je me saisis de l'existant dans sa globalité. Je décris les paysages, je nomme les objets, les minéraux, les végétaux, les animaux, les villes, les monuments, les œuvres d'art ; je raconte les événements. Mon langage est une sorte de réceptacle dans lequel je recueille la Création.

Dès lors la question suivante se pose : de quelle manière s'effectue cette prise de possession de la Création par le verbe ? En quels termes est-ce que je parle de ce qui m'environne ? Est-ce sur le mode du dénigrement ou de l'admiration ? De façon blasée ou enthousiaste ? Avec indifférence ou avec curiosité ? Avec quel degré d'émerveillement ? Suis-je sensible à ce que le monde a d'intéressant, de riche, d'insolite, de singulier, d'unique, de varié, d'émouvant, de beau ?

Loin d'être étrangères à notre sujet, ces questions relèvent de l'éthique de la parole telle que la conçoit ce livre. Car mon style de parole révèle ma manière d'appréhender les choses, d'entrer en contact avec elles. La qualité de ma *présence-au-monde* se reflète dans ma façon de *parler-du-monde.* Ma parole peut être l'occasion de célébrer la beauté de la nature ou au contraire de l'abîmer. Elle peut rehausser l'existant, ou le dégrader. Je peux m'extasier devant ce qui s'offre à mes yeux, ou être au contraire continuellement dans la dépréciation, la dévalorisation, en m'exclamant : « c'est commun... banal... laid... sans intérêt... pas original... ça ne vaut rien... ». Je peux faire la fine bouche, comme si les mets du monde n'étaient jamais assez relevés pour mon goût capricieux. C'est pourquoi l'admiration, que l'on tient habituellement pour un simple sentiment, une simple émotion, est aussi une *vertu.* Nous avons envers le monde un *devoir d'admiration.*

Mais revenons à cette sixième règle : « La parole est gardienne du monde. » Martin Heidegger a une magnifique formule qui nous permet de lui donner tout son sens : « L'homme, écrivait le philosophe allemand en 1946, est le berger de l'Être », *der Mensch ist der Hirt des Seins*[1]. Ce que veut dire Heidegger est simple : l'homme

1. *Lettre sur l'humanisme*, 1946 ; traduction française, Aubier, 1983.

a la charge de l'existant, il est responsable du monde. Le monde lui est remis comme un dépôt sur lequel il doit veiller. Écologiste avant la lettre, Heidegger attire notre attention sur le fait que l'être humain a pour mission de protéger l'environnement. Il doit entretenir la nature, exploiter ses ressources de façon sage et modérée, réparer les dégâts qu'il cause, combattre la pollution, assurer un développement durable...

Mais en écrivant cet aphorisme, le philosophe allemand se plaçait aussi sur un autre plan. À ses yeux, la responsabilité de gardien du monde débordait le domaine strictement matériel. Cette responsabilité est aussi d'ordre symbolique, poétique, métaphysique. Elle ne réside pas seulement dans ce que nous *devons faire ou ne pas faire* pour le monde. Elle réside aussi, soulignait Heidegger, dans notre manière de *parler* du monde. Et Heidegger précisait sa pensée dans une seconde formule qui n'est pas moins belle que la première : « L'homme, écrit-il, est convié à la sauvegarde de l'Être dans la maison du langage. » L'homme a inventé le langage pour fournir un abri aux choses. À travers les mots et les phrases, l'être humain offre au monde un abri, un abri symbolique, immatériel, qui est la marque même de son humanité.

Le bon berger de l'Être n'est donc pas seulement celui qui, en écologiste précautionneux, s'abstient de commettre des actes nuisibles à la nature. Il est aussi celui qui veille aux mots qu'il emploie pour évoquer la nature. Moi, être humain, en qualité de berger de l'Être, chargé de la sauvegarde de la Terre, je dois avoir le souci du langage afin de donner à celle-ci un refuge. Les mots qu'articule ma bouche remplissent une fonction conservatrice. Ma parole est un agent de préservation de ce qu'on appelle si justement le « patrimoine mondial naturel et culturel ». Ma parole enveloppe les minéraux et les végétaux, les animaux et les œuvres d'art, les villes et les campagnes, les rivières et les mers, l'air et les nuages de sa douce protection, de son attention minutieuse, de ses accents admiratifs, de son intonation respectueuse. Elle réchauffe, elle ranime les choses. Tout acte locutoire est un acte conservatoire.

11

Le cadeau de la langue

Septième règle : ma parole est *responsable... du langage.*

La langue que je parle, et qu'un usage bien établi dénomme la « langue maternelle », est le résultat d'une construction qui s'est édifiée au fil des siècles. Elle est le fruit des innombrables générations qui se sont succédé dans le passé. Ces générations y ont incorporé leur expérience de la vie, leurs découvertes, leurs croyances, leurs passions, leurs rêves, leurs valeurs, leur science. Une gigantesque mémoire collective est contenue dans ma langue maternelle. Dès l'instant où, enfant, je me suis mis à balbutier mes premiers mots, j'ai eu accès à cette mémoire collective. J'ai hérité de ce trésor. J'ai profité de cette richesse accumulée. J'ai eu à ma disposition les ressources infinies du vocabulaire et de la syntaxe, des idiotismes et des nuances, des synonymes et des antonymes que les générations passées ont, sans relâche, travaillés, perfectionnés, limés.

Nous n'avons pas toujours conscience de la valeur que représente ce cadeau déposé dans notre berceau. Et pourtant... Quand un enfant naît, il est introduit dans l'ordre du discours. Il est immergé dans le langage. C'est une immense, une extraordinaire chance. Même s'il lui faut attendre l'âge d'environ deux ans pour parler, ses parents, eux, lui parlent. Grâce à cette immersion dans la langue maternelle, l'enfant se construit une représentation élaborée du monde. Il apprend à mettre des mots sur ce qu'il éprouve, ses sensations, ses émotions, ses sentiments, ses pensées, ses désirs. Sans l'instrument de la langue, sa vie psychique resterait à jamais informe. Son intériorité demeurerait obscure, indéchiffrable, enfouie dans les limbes. Il n'aurait qu'une représentation indigente de la réalité.

Illustrons cette idée par un exemple. La langue française met à notre disposition une palette de mots très étendue pour désigner les *sons*. Un son peut être faible ou fort, proche ou lointain, aigu ou grave, bref ou prolongé, métallique, cristallin, strident, profond, confus, clair, mat, vibrant, grêle, éclatant, sourd, étouffé... La liste des qualificatifs est interminable. Il en va de même des substantifs : le dictionnaire nous apprend à distinguer le bruissement du vent dans les arbres, le grondement de l'orage, le claquement du tonnerre, le grincement de la scie, le hurlement d'une sirène, le crissement des pneus, le vrombissement d'une hélice, le ronflement d'un moteur, le pépiement d'un oiseau, etc. Quand un enfant découvre ces mots, il fait bien plus qu'apprendre des mots. Il apprend aussi à percevoir, à différencier les réalités auxquelles ils correspondent. Entre les mots et les choses, une dialectique s'instaure. L'enfant affine son audition grâce au lexique. Il éduque son oreille. Il enrichit sa représentation du monde sonore.

C'est toute la différence entre la sensation et la perception. « Sentir » n'est pas la même chose que « percevoir ». La sensation auditive est une opération physiologique qui ne requiert pour s'accomplir qu'un récepteur sensoriel, le tympan, relié par des nerfs sensitifs à des aires corticales déterminées. La perception, elle, est un acte cognitif de reconnaissance et de traitement de l'information sensorielle, qui suppose le langage. Je « sens » les sons parce que je possède un tympan. Je « perçois » les sons parce que je possède des mots pour les nommer, les distinguer, les classer. Faute de ce lexique, l'univers sonore resterait pour moi une énigme, un magma sensoriel incohérent, dépourvu de signification.

À partir du moment où je parle, j'ai donc accès aux ressources immenses que m'offre le langage. J'utilise le trésor que constitue ma langue maternelle. Je profite, en légataire comblé, de tout un héritage linguistique, transmis par les générations passées. Cet héritage est confié à chaque locuteur. Chaque locuteur en a la charge. Nous avons, tous autant que nous sommes, un devoir envers notre patrimoine linguistique. Nous sommes responsables de sa conservation. Comme l'ont fait avant nous nos ancêtres, nous devons veiller à sa sauvegarde et à sa transmission. La langue est un dépôt précieux qui nous est remis, à condition de le garder intact.

Ainsi, de même qu'il y a une responsabilité écologique, il y a une *responsabilité linguistique*. Moi, modeste locuteur, obscur sujet parlant du début du XXIe siècle, dont les paroles se perdent dans le vaste océan de la communication humaine, j'ai envers ma langue maternelle une obligation qu'il ne faut pas hésiter à qualifier d'« obligation de bien parler ». Parler correctement, employer le mot juste, respecter la grammaire et la prononciation, m'exprimer, pourquoi pas ? avec un souci d'élégance et de distinction, cela fait partie de l'éthique de la parole.

Quand on évoque le « bien parler », on est immédiatement suspect aux yeux des sociologues et des pédagogues. Ceux-ci s'empressent de crier à l'élitisme. La belle et bonne langue, objectent-ils, est l'apanage des catégories sociales « culturellement favorisées »... Elle est un marqueur sociologique, un outil de discrimination sociale, et, plus grave, de discrimination scolaire, ce qui en fait un instrument d'inégalité des chances...

Tout ce que nous savons de la sociologie du langage confirme, hélas, la justesse de cet argument. Mais pour autant, faut-il se laisser détourner par lui ? N'est-ce pas faire injure à la langue que de la réduire à cette fonction discriminatoire ? Car le souci du bien parler ne répond pas seulement à un objectif de démarcation sociale. Il n'est pas seulement un outil de sélection. Il est aussi une forme de *respect* envers l'héritage linguistique que l'on a reçu. En évitant d'abîmer ma langue maternelle, en appliquant ses règles, en puisant dans sa richesse, en m'efforçant de la mieux connaître, en utilisant ses finesses et ses nuances, en la prononçant correctement, je témoigne de mon respect envers les ancêtres qui, génération après génération, l'ont façonnée. J'exprime ma reconnaissance envers les écrivains qui n'ont pas cessé de la perfectionner depuis le Moyen Âge, envers le peuple qui l'a enrichie, envers les gens de Cour aussi bien que les ouvriers des Halles dont le parler cru enchantait le poète Boileau. Je reconnais ma dette envers ces prédécesseurs illustres ou inconnus, et, pour acquitter cette dette, je prends place modestement dans la longue chaîne intergénérationnelle à laquelle j'appartiens, afin d'exercer, à mon tour, le beau rôle de *passeur.* Je suis un passeur de mots.

Cette responsabilité envers le patrimoine linguistique devrait figurer parmi les objectifs prioritaires de l'institution scolaire. Et si nous remettions à l'honneur, dans le Primaire et le Secondaire, ces exercices un peu délaissés : la lecture à voix haute (avec le souci d'une belle diction) et la récitation par cœur... c'est-à-dire *avec* le cœur. Ces exercices sont non seulement un excellent moyen de former la sensibilité, mais aussi une belle illustration de ce que doit être une parole respectueuse, fervente envers les mots, pleine de gratitude à l'égard de la langue.

12

Ma philosophie du langage

Huitième et dernière règle de l'éthique de la parole : ma parole doit être *vraie.*

Les mots que je prononce doivent être des messagers de vérité, celle-ci étant, selon les cas, d'ordre subjectif ou d'ordre objectif. La vérité est d'ordre *subjectif* quand elle se rapporte à ma vie intérieure, c'est-à-dire mes pensées, mes sentiments, mes intentions. Ma parole doit refléter cette vie intérieure. Elle doit être en accord avec mes pensées et mes intentions. Ainsi, si je dis à autrui : « Je promets de... », l'engagement que je prends doit être sincère, exempt de toute arrière-pensée. Je ne dois pas, par avance, nourrir l'intention cachée de me dédire.

La vérité est d'ordre *objectif* quand elle se rapporte à des réalités ou des faits extérieurs à moi. Ma parole doit être conforme à cette vérité objective. Je dois rapporter les faits tels que je les ai vus. Je dois m'efforcer de rendre compte des événements, des situations, des actes des autres sans les déformer délibérément, sans faire de faux témoignages. Je dois avoir le souci, si bien exprimé par Confucius, d'une « justesse des désignations », ce qui m'oblige à éviter aussi bien les euphémismes hypocrites qui masquent les faits derrière une langue de bois évasive que les exagérations hyperboliques et injustes. « Mal nommer les choses, écrivait Camus, c'est ajouter au malheur du monde. »

Le devoir de vérité que je viens d'énoncer me fournit l'occasion d'expliciter la philosophie qui sous-tend ce livre, philosophie que je n'ai laissé qu'entrevoir jusqu'à présent mais que le moment est venu de vous faire partager. C'est à dessein que j'ai placé le devoir de vérité au huitième et dernier rang de l'éthique de la parole. J'ai voulu, par là, souligner que l'exigence de vérité, pour importante qu'elle soit, n'est pas la seule qui incombe à la parole. Ce faisant, je n'ignore pas que je prends le contre-pied d'une tradition philosophique bien établie. De Platon à Kant, de saint Thomas à Bergson, les philosophes n'ont cessé de juger le langage d'après le critère de la vérité. Ils ont évalué la parole à l'aune du vrai. Ne pas mentir était, dans leur optique, le principal commandement d'une éthique de la parole. Il ne saurait être question, cela va de soi, d'abroger cette condamnation du mensonge, mais, en même temps, il est souhaitable de sortir du cadre étroit dans lequel elle nous enferme. Il faut rompre avec l'approche limitative de la parole dont elle est solidaire.

Les philosophes ont cru longtemps que le langage avait essentiellement une fonction de reproduction de la réalité. Ils lui attribuaient un rôle « référentiel ». Le langage, déclaraient-ils, n'a de sens que par « référence » à la réalité qu'il désigne, une réalité faite de choses, d'actes, d'événements, de pensées, d'affects, qu'il s'agissait de décrire aussi fidèlement que possible. Le langage relevait donc de ce que la tradition philosophique appelle la « représentation ». Il re-présentait. Il présentait à nouveau cette réalité. Il présentait une deuxième fois ce référentiel. Il en était la copie. Cette copie est-elle exacte ou déformée ? Cette représentation est-elle fidèle au modèle ? Quelle est la qualité de la restitution ? Ces questions ont été au centre de la philosophie du langage pendant des siècles.

Or, réduire le langage à cette fonction reproductrice, ne retenir que cette face du langage, c'est passer à côté d'un aspect essentiel. Car le langage n'a pas qu'un rôle référentiel. Il a aussi, et surtout, un rôle *relationnel.* Tout mon livre est destiné à souligner l'importance de ce rôle, et à en tirer les conséquences. Pour le dire en termes plus savants : le langage n'est pas fait que de « sémantèmes », c'est-à-dire d'entités de nature sémantique, soumises à l'obligation d'être des copies conformes des choses ou des idées. Le langage est constitué aussi, et surtout, de « relationèmes », c'est-à-dire de mots, de phrases, d'échanges dont la fonction est d'assurer une *bonne relation* entre les êtres humains. Le discours ne sert pas seulement à nommer les choses et les idées. Il sert aussi à rassembler les personnes, à créer des liens entre elles. « Il sert à vivre », disait Benveniste, c'est-à-dire, en fait, à vivre ensemble. Le langage maintient l'harmonie et la paix ; il désamorce les conflits ; il nourrit la sociabilité, l'amitié, l'amour.

Ce rôle relationnel a été trop longtemps méconnu par la philosophie du langage au profit du rôle référentiel, qui accaparait presque toute l'attention[1]. Or, les hommes ne font pas que parler *des* choses. Ils passent le plus clair de leur temps à *se parler.* Ce fut l'immense mérite de la *linguistique pragmatique*, qui a vu le jour dans les années 1960 (et à l'essor de laquelle, remarquons-le au passage, l'école de Palo Alto a beaucoup contribué), de s'intéresser à cette dimension relationnelle. En prenant pour objet d'étude les interactions verbales et les effets qu'elles produisent sur la relation entre les individus, la linguistique pragmatique nous a délivrés du carcan d'une problématique du langage exclusivement tournée vers la vérité[2].

Ce n'est pas tout. La parole a aussi pour finalité d'apporter à autrui du plaisir, de la joie, du bonheur. Elle est faite pour encourager, stimuler, consoler, pour renforcer l'estime personnelle de l'interlocuteur, pour aider l'autre à s'épanouir, pour respecter son amour-propre. Cette *fonction psychologique* est étroitement entrelacée, au point d'en être inséparable, à la fonction relationnelle. C'est pourquoi on doit parler, si l'on veut rendre compte pleinement de la fonction qu'exerce le langage, d'une *fonction psychologique et relationnelle.*

La thèse que je défends dans ce livre est que cette fonction psychologique et relationnelle a autant d'importance que le devoir de vérité. Pour mériter le qualificatif d'« éthique », ma parole ne peut se contenter de remplir ses obligations à l'égard de la vérité. Il ne lui suffit pas d'être une parole vraie. Elle doit aussi veiller aux effets

1. Une exception notable : les philosophes de Port-Royal.
2. Signalons, à ce sujet, l'ouvrage fondamental de Catherine Kerbrat-Orecchioni : *Les Interactions verbales*, Armand Colin, 1992.

psychologiques et relationnels qu'elle produit. Elle doit assumer sa responsabilité psychologique et relationnelle.

Tel est le changement de conception que j'introduis dans la philosophie du langage. C'est au nom de ce changement que, dans l'énumération des règles qui composent l'éthique de la parole, j'ai donné, symboliquement, la préséance à la parole polie, attentionnée, positive, respectueuse et tolérante sur la parole vraie. Et puisque l'usage veut qu'une thèse philosophique nouvelle soit baptisée d'un nom nouveau, celui que je choisis pour donner un état civil à ma thèse est celui d'*utilitarisme psychologique et relationnel.* La philosophie du langage que je prône est un utilitarisme psychologique et relationnel. Au nom de cette philosophie, je déclare éthiquement valable toute parole qui est utile psychologiquement à autrui, ou qui est utile à la relation interindividuelle.

13

Les salons du XVIIe siècle, berceau de l'éthique de la parole

Ouvrons maintenant une parenthèse historique. Y a-t-il eu, au cours de l'Histoire, des doctrines semblables à l'éthique de la parole que nous venons d'exposer ? L'éthique de la parole a-t-elle des précédents ?

Reportons-nous au XVIIe siècle, dans les salons de la noblesse et de la grande bourgeoisie, tel ce fameux hôtel de Rambouillet qui fut un des hauts lieux du mouvement, à la fois social et littéraire, que les historiens appellent la Préciosité. On vit éclore alors l'une des plus belles réalisations « civilisationnelles » jamais produites par l'Occident. Il s'agit de la *civilité.* Remarquons au passage que celle-ci fut, en grande partie, une création française. C'était l'époque où notre pays était considéré comme le plus poli d'Europe...

De grands traités codifièrent cette civilité, qu'on appelait aussi « politesse », « bienséance », « courtoisie », ou encore « honnêteté », mot qui avait alors un sens différent de celui d'aujourd'hui[1]. (L'expression « savoir-vivre », quant à elle, est plus tardive : elle date du XIXe.) Le grand humaniste Érasme avait été un de ses précurseurs, avec sa fameuse *Civilité puérile*, publiée en 1530, qui fut un véritable best-seller de la Renaissance. Baldassare Castiglione lui avait emboîté le pas, avec son non moins célèbre *Livre du courtisan*, paru en 1580. Au XVIIe siècle, les traités se multiplièrent, tels *L'Honnête homme ou l'art de plaire à la Cour* de Nicolas Faret, paru en 1630, et le *Nouveau Traité de la civilité qui se pratique en France parmi les honnêtes gens* d'Antoine de Courtin (on n'avait pas peur autrefois de donner à un livre un titre comportant pas moins de… quatorze mots !). La civilité fut aussi un sujet de prédilection pour le chevalier de Méré, ami de Blaise Pascal, ainsi que pour Mlle de Scudéry, figure éminente de la Préciosité, auteur de romans-fleuves comme *Le Grand Cyrus* ou *Clélie*, dont le salon, situé dans le quartier du Marais, rivalisait avec celui de Mme de Rambouillet. Au total, une cinquantaine de traités de civilité furent publiés en France au cours du XVIIe siècle.

La civilité qui est codifiée dans ces ouvrages se ramène, pour l'essentiel, à l'*art de la conversation*. Elle ne consiste pas tant en un art de se vêtir ou de se tenir à table (encore que ces aspects ne soient pas négligés par les auteurs) que dans celui de manier le langage oral. Ces traités prescrivent la bonne manière de pratiquer les échanges verbaux, et ils n'hésitent pas à présenter cette norme du « bien parler », du « bien converser », sous les traits d'une *morale*. Ils s'attachent à définir une

1. L'honnêteté désignait la « conformité aux convenances », le « caractère d'un homme accompli selon le monde », l'« affabilité ».

morale de la communication. « La conversation, écrit par exemple Mlle de Scudéry, est le lien de la société de tous les hommes, le plus grand plaisir des honnêtes gens, et le moyen le plus ordinaire d'introduire dans le monde la morale la plus pure[1]. » Une série d'équivalences structure la pensée des auteurs du XVIIe siècle : se conduire *civilement*, disent-ils en substance, c'est savoir *converser*, et savoir converser, c'est se comporter de façon *morale.*

Écoutons la parole qui se fait entendre lors de ces conversations de salon. Cette parole, à l'évidence, n'est pas de même nature que celle qui est utilisée dans les métiers divers, ou dans les affaires publiques. Elle ne sert pas à vendre des marchandises, à traiter avec des fournisseurs, à donner des ordres à des domestiques ou des ouvriers, à convaincre des assemblées de magistrats. Elle ne se confond pas avec la parole qui circule dans les sociétés savantes et les académies, lesquelles apparaissent au XVIIe siècle, et connaîtront leur apogée à l'âge des Lumières. La parole des salons se distingue également de la prédication des hommes d'Église. Sa finalité n'est ni commerciale, ni politique, ni technique, ni scientifique, ni religieuse. Cette parole n'est pas au service de l'Argent, du Bien public, de la Vérité scientifique, du Salut chrétien.

C'est une parole de *loisir.* Une parole gratuite. Gratuite ?... Pas tout à fait, à vrai dire. Car elle poursuit tout de même un but. Son but est de plaire. Les paroles qui s'échangent dans les salons sont au service de l'art de plaire. « Rien n'est plus important pour le commerce

1. *Conversations sur des sujets divers*, cité in Alain Montandon, *Dictionnaire raisonné de la politesse et du savoir-vivre*, Le Seuil, 1995, p. 126.

de la vie que de plaire dans la conversation », écrit par exemple Pierre Ortigue de Vaumarière, dont le traité de civilité connut un grand succès à la fin du règne de Louis XIV[1].

Le mot « plaire » avait une importance considérable dans la société du XVIIe siècle. Or, en creusant la signification de ce mot, on s'aperçoit qu'il n'est pas sans rapport avec l'objectif que, dans les chapitres précédents, nous avons assigné à l'éthique de la parole. L'art de plaire, en effet, a d'abord une finalité relationnelle. Il vise à créer une harmonie collective, à entretenir la bonne entente. L'« honnête homme » qu'exaltent les traités de civilité est quelqu'un qui parle agréablement (et sait écouter avec patience...), afin de créer du lien. Dans son livre *De l'Allemagne*, Mme de Staël, fille du ministre Necker, exprimera quelques décennies plus tard, non sans un certain lyrisme, ce rêve de sociabilité aimable : « Pour un moment du moins, écrit-elle au sujet de la conversation, l'on se plaît, et l'on jouit les uns des autres, comme si tout était concorde, union, sympathie dans le monde[2]. »

Outre cette fonction relationnelle, l'art de plaire vise un but d'un autre ordre. Il s'agit, expliquent les auteurs du XVIIe siècle, de ménager autrui, de ne pas briller à ses dépens, d'éviter la raillerie, l'offense, l'impair, la parole imprudente, indiscrète, qui malmène l'amour-propre ou la pudeur. Il s'agit aussi de complimenter à bon escient, de mettre en valeur notre interlocuteur, de renforcer son estime personnelle. Personne n'a mieux défini ce souci d'autrui, cette attention délicate, ce respect de la

1. *L'Art de plaire dans la conversation*, 1688.
2. *De L'Allemagne*, Flammarion.

sensibilité de notre prochain que La Bruyère. La politesse, écrivait l'auteur des *Caractères*, « est une certaine attention à faire que par nos paroles et par nos manières les autres soient contents de nous et d'eux-mêmes[1] ».

Ainsi, l'art de plaire (c'est-à-dire, pour l'essentiel, l'art de la conversation) exerce deux fonctions : une fonction relationnelle, et une fonction psychologique. Il vise à la fois à créer du lien social et à ménager la sensibilité personnelle. D'une part, il instaure un régime de concorde entre les personnes présentes, d'autre part, il met en application un principe de délicatesse envers chacune d'elles. Il prend en charge à la fois l'harmonie collective et l'amour-propre individuel.

Cette double fonction correspond parfaitement à ce que nous avons appelé précédemment l'*utilitarisme relationnel et psychologique*. C'est pourquoi nous sommes fondés à dire que le code classique de la civilité constitue une préfiguration de l'éthique de la parole. Il la préfigure car il poursuit le même objectif relationnel et psychologique. Il vise, comme elle, à être utile sur ces deux plans. L'éthique de la parole est en droit de revendiquer Érasme, Castiglione, le chevalier de Méré, Antoine de Courtin, Mlle de Scudéry, La Bruyère comme ses pères fondateurs. Elle s'inscrit dans la filiation de l'œuvre qu'ils ont accomplie, et qui constitue un des fleurons de notre civilisation européenne.

1. *Les Caractères*, « De la société et de la conversation », 32.

14

La conversation, un art mineur ?

Pourtant, à y regarder de près, on éprouve le sentiment que cette préfiguration reste incomplète. On a une impression d'inachèvement. L'art de la conversation éclos au XVIIe siècle est, certes, une anticipation de l'éthique de la parole, mais à la manière d'un embryon inachevé, un embryon qui aurait été freiné dans son développement.

Quelles sont les causes de ce développement incomplet ?

La première cause est d'ordre sociologique. L'art de la conversation était cantonné dans un espace social restreint, véritable sanctuaire bordé par un cordon sanitaire : il s'épanouissait à la Cour et dans les salons fréquentés par la noblesse, le haut clergé et une partie de la grande bourgeoisie. Il ne concernait donc que le « Monde », lequel, comme son nom ne l'indique pas, ne désigne qu'une toute petite partie du monde. Les artisans, paysans, domestiques, négociants, petits et moyens bourgeois, bref, tout le tiers état, étaient exclus de cet art de la conversation. Quand un noble ou un grand bourgeois s'adressait à ces « inférieurs » (c'est ainsi que les traités de civilité les désignaient !), il n'était pas tenu de faire l'effort de leur plaire. Il avait au contraire toute latitude pour les traiter avec morgue ou avec indifférence.

On voit donc surgir une différence capitale entre l'éthique de la parole qui fut ébauchée au XVIIe siècle par l'art de la conversation, et celle que nous avons exposée plus haut. La première était sélective, discriminatoire. La seconde ne fait pas acception des personnes ; elle traite tout le monde sur un pied d'égalité. La première reflétait la stratification sociale de l'Ancien Régime et son esprit de caste. La deuxième est indifférente au statut social de l'interlocuteur ; elle ne tient pas compte de sa place dans la hiérarchie sociale ; elle est universaliste.

L'art de la conversation du XVIIe siècle souffrait d'une deuxième limitation. Il avait un caractère éphémère et superficiel. Le rituel de la conversation constituait, certes, une réussite parfaite dans son genre, mais qui ne dépassait pas le cadre de l'*ici et maintenant.* C'était une sorte de dentelle verbale qui s'évanouissait aussitôt après avoir été tissée. Les salons formaient un théâtre esthétiquement pur mais quasiment virtuel.

Du coup, la parole qui s'y déployait ne pouvait avoir qu'un impact relationnel et psychologique limité. Elle n'atteignait pas la profondeur des êtres. Elle ne pouvait prétendre, précisément parce qu'elle n'était qu'une parole de salon, aller au-delà d'un but très modeste : à savoir, préserver une harmonie des rapports humains qui, en tout état de cause, restait de façade, et ménager la sensibilité d'autrui dans ce que celle-ci peut avoir de superficiel, voire d'épidermique.

De nombreux domaines de la vie, autrement profonds, échappaient à la parole des salons. Ainsi, par exemple, elle n'avait pas, ne *pouvait* pas avoir pour projet d'aider autrui à grandir, à s'épanouir, à se réaliser, à être heureux. Ces buts étaient hors de sa portée. La parole des salons ne permettait pas non plus de nouer des liens authentiques et durables avec les autres. Tout ce que la psychologie et la psychiatrie du XXe siècle nous ont appris au sujet de l'influence du langage sur la vie familiale, ou sur le développement affectif de l'enfant et de l'adolescent, et que nous avons rappelé au début de ce livre, tout cela n'était pas pris en compte. Il faudra attendre la parution de l'*Émile*, le grand traité pédagogique de Jean-Jacques Rousseau, pour que s'instaure un début de dialogue vrai entre l'adulte et l'enfant.

Limitée par la modestie de son objectif, la parole des salons restait donc un art d'agrément. D'où l'aveu d'Érasme dans la *Civilité puérile* : le grand humaniste de Rotterdam reconnaissait que la politesse ne constitue qu'une « moralité mineure ».

Car au fond, en ce XVIIe siècle, la seule parole qui remplissait pleinement la double mission relationnelle et psychologique que nous avons assignée à l'éthique de la parole, la seule qui, dépassant le stade d'un pur et simple art de plaire, allait au fond des choses, c'était la parole... de l'Évangile. La parole humaine, mondaine, séculière ne pouvait rivaliser avec celle du Christ ou de ses représentants sur terre, les membres du clergé. Seule cette parole religieuse, c'est-à-dire celle du prédicateur s'adressant aux fidèles lors de la messe, ou celle du directeur de conscience recueillant l'aveu du pécheur dans le secret du confessionnal, seule cette parole pouvait prétendre *former* réellement l'être humain. Elle seule pouvait changer le cœur de l'homme, l'ouvrir à la charité, et transformer en profondeur les rapports humains, en unissant les enfants de Dieu par un authentique amour fraternel qui culminait dans ce que les théologiens appellent le « corps mystique du Christ ». Auprès de cette parole régénératrice, venue d'en haut, la parole des salons faisait pâle figure.

15

Quand les philosophes boudaient la politesse

L'art de la conversation inventé au XVIIe siècle n'a pas accédé au rang d'une éthique de la parole complète pour une autre raison. À partir du XVIIIe siècle, il a été l'objet d'attaques répétées de la part des philosophes, qui ont tiré sur lui à boulets rouges au nom de l'*éthique de vérité.* Les philosophes n'ont voulu voir dans la parole des salons qu'un art de la frivolité et de la tromperie. Dans la *Nouvelle Héloïse*, Rousseau dressa cet acte d'accusation en mettant dans la bouche de Saint-Preux, son héros, une violente diatribe contre les salons parisiens. Le philosophe genevois prétendait qu'on « y apprend à plaider avec art la cause du mensonge[1] ». Le philosophe anglais David Hume joignit sa voix à celle de Rousseau en qualifiant la conversation de « série ininterrompue de commérages et de remarques essentiellement futiles ».

1. *Julie ou la Nouvelle Héloïse*, seconde partie, Lettre XIV.

Les philosophes des Lumières rejetaient la parole bienséante au profit d'un autre type de parole. La parole qui trouvait grâce à leurs yeux était celle des sociétés savantes et des académies, qui se multiplièrent à partir du milieu du XVIIIe siècle, et au sein desquelles les Encyclopédistes, publicistes, savants, nobles et bourgeois cultivés prirent l'habitude de se réunir pour aborder, dans un esprit de libre examen, toutes sortes de questions scientifiques, techniques, économiques, sociales, politiques, littéraires, philosophiques, théologiques. Ces sociétés savantes et ces académies étaient, au surplus, des foyers de contestation de la monarchie. On ne se contentait donc pas d'y *converser* avec grâce. On y *discutait* réellement. On cherchait la *vérité.* On s'affrontait sur le terrain des idées, en usant du langage pour décrire les faits avec objectivité, pour combattre les préjugés, pour échanger des arguments, pour mettre en question les dogmes. C'est de ces discussions libres, âpres, passionnées, courageuses, auxquelles prirent part D'Alembert, Mme du Deffand, Diderot, Helvétius, Voltaire, La Mettrie, qu'est née l'œuvre monumentale de l'*Encyclopédie.*

Pour les philosophes des Lumières, l'idéal éthique était cette parole-là, c'est-à-dire une parole vouée à la recherche du vrai. Le discours que tient notre interlocuteur est-il véridique ou mensonger ? Les arguments qu'il développe sont-ils fondés ou fallacieux ? L'orateur a-t-il pour but d'éclairer l'auditoire ou de l'induire en erreur ? Seules ces questions étaient dignes d'intérêt aux yeux des philosophes des Lumières. Pour le dire autrement : ces philosophes attachaient une importance primordiale au contenu *référentiel* du langage, par opposition à son *contenu relationnel et psychologique.* De leur point de vue, la seule responsabilité du sujet parlant était relative à la vérité. Les autres responsabilités qui sont en jeu dans l'exercice de la parole, responsabilités dont nous avons souligné l'importance dans ce livre, étaient laissées de côté : à savoir, la responsabilité par rapport à la relation interindividuelle, par rapport au plaisir et à l'épanouissement d'autrui, par rapport à son bonheur, par rapport à la nature et à l'existant tout entier, par rapport au patrimoine linguistique. Ainsi on vécut, à partir du XVIIIe siècle, sous le régime de que qu'on pourrait appeler une « parole à responsabilité limitée ».

Les philosophes prononcèrent une véritable mise à l'index de l'art de la conversation, mise à l'index qui fut maintenue jusqu'aux années... 1980. La parole des salons, qui avait été célébrée au XVIIe siècle, fut déclassée, rangée au nombre des occupations futiles, artificielles, dénuées de portée morale. Entre la philosophie et la civilité, un fossé se creusa, ce qui entraîna un effet collatéral d'ordre culturel, et plus précisément *éditorial,* dont l'importance doit être soulignée.

Au XVIe et au XVIIe siècle, des penseurs et des écrivains d'envergure comme Érasme, Castiglione, Mlle de Scudéry, le chevalier de Méré n'avaient pas craint de descendre de l'empyrée des Belles Lettres et des hauteurs de la Philosophie pour se pencher sur cette chose mineure qu'est le savoir-vivre. Ils avaient rédigé des manuels de civilité. À partir du XVIIIe siècle, cette tradition sera interrompue. Il ne viendra désormais à l'esprit d'aucun écrivain de renom, d'aucun philosophe soucieux de son image ou désireux de faire carrière dans l'Université d'écrire un manuel de bienséance. On imagine mal Hegel, Fichte, Victor Cousin, Heidegger, Sartre, Deleuze, Derrida prenant la plume pour composer un manuel de politesse !

Henri Bergson fera exception à la règle, il est vrai. L'auteur de *Matière et mémoire* parle de la politesse dans un écrit de 1885. Mais ce texte n'est que la reprise d'un discours prononcé devant un auditoire de lycéens[1]. La politesse était au mieux, pour Bergson, un thème de discours de distribution des prix. De son côté, le philosophe Alain évoque à maintes reprises la politesse dans ses *Propos.* Mais justement, Alain n'est pas toujours considéré par ses pairs comme un « vrai » philosophe... Du reste, ni Bergson ni Alain n'auraient un seul instant songé à dépasser le niveau des considérations générales sur la politesse pour entreprendre, à l'instar d'Érasme, la rédaction d'un *manuel de civilité*, en entrant dans le détail des manières de table, des salutations, de l'habillement, des cérémonies...

Cette défection de la philosophie a eu pour effet de condamner le discours sur la politesse à la médiocrité. À partir du XIXe siècle, les manuels de politesse sont devenus un genre littéraire de deuxième, que dis-je ?, de troisième zone. La littérature du savoir-vivre s'est dégradée en une sous-littérature, destinée à des maîtresses de maison « comme il faut », des bourgeoises à cheval sur les conventions, obsédées par le qu'en-dira-t-on. Cette sous-littérature devint la chasse gardée de plumitifs mondains, ou de faux aristocrates, telle

1. « La Politesse. Discours prononcé à la distribution des prix du lycée de Clermont-Ferrand le 5 août 1885 », in *Écrits et paroles*, tome 1, PUF, 1957.

la fameuse baronne Staffe, ancienne actrice, douée pour l'écriture, recyclée dans le savoir-vivre, et dont les ouvrages connurent des tirages impressionnants à la fin du XIXe siècle.

Ainsi, toutes les semences, toutes les virtualités d'une éthique de la parole qui étaient contenues dans la civilité du XVIIe siècle furent laissées à l'abandon. L'éthique de la parole resta à l'état d'ébauche.

Il fallut attendre les deux dernières décennies du XXe siècle pour que cette mise à l'index prenne fin. C'est seulement au tournant des années 1980, en effet, que l'on assista à la réhabilitation de la politesse, et, avec elle, de l'art de la conversation, prélude à une prise de conscience de la nécessité d'une éthique de la parole. La politesse sortit de son purgatoire et fut réintégrée dans le champ de la philosophie et des sciences humaines, avec tous les honneurs dus à un condamné qui a été victime d'une erreur judiciaire. Quelques événements marquants jalonnent cette réintégration. Énumérons-les rapidement.

En 1991, la revue *Autrement* publia un numéro spécial sur la politesse qui fit date[1]. À l'université de Clermont-Ferrand, une équipe de chercheurs réunis autour du professeur de littérature comparée Alain Montandon entreprit une vaste étude de la bienséance des peuples européens, qui aboutit à la publication d'un *Dictionnaire raisonné de la politesse et du savoir-vivre*[2]. En 1996, le philosophe Camille Pernot (qui occupa la chaire de philosophie à l'École normale supérieure de Saint-Cloud,

1. « La Politesse, vertu des apparences », sous la direction de Régine Dhoquois, *Autrement*, n° 2, février 1991.
2. Le Seuil, 1995.

où il forma des générations de professeurs) publia une importante thèse sur la politesse[1]. Les linguistes n'ont pas été en reste. P. Brown et S. Levinson firent paraître en 1987 un ouvrage majeur, *Politeness. Some Universals in Language Use*[2], appuyé sur un outillage conceptuel qui pose les bases d'une « politessologie » scientifique. De son côté, Catherine Kerbrat-Orecchioni, professeur de linguistique à l'université de Lyon II, consacra près de deux cents pages de son magistral traité sur *Les Interactions verbales* à la politesse[3]. J'ai moi-même soutenu, en 1989, à la Sorbonne, une thèse de doctorat d'État sur l'« Idée de politesse dans les manuels de bienséance[4] ».

C'est dans ce mouvement de renouveau de la politesse que s'inscrit ce livre. Le but que j'ai visé en l'écrivant était de reprendre le flambeau de la civilité du XVIIe siècle. J'ai voulu réparer l'injustice commise à son égard. J'ai voulu arracher à l'oubli l'idéal de la conversation bienséante forgé à l'époque du Grand Siècle et montrer que cet idéal de civilité, qui constitue une de nos plus belles réalisations « civilisationnelles », était une *ébauche de l'éthique de la parole*. J'ai tenté de faire mûrir les virtualités contenues dans l'art classique de la conversation et de développer toutes les richesses qu'il recélait, en le fortifiant, si je puis m'exprimer ainsi, avec l'engrais qu'apportent les recherches contemporaines sur le langage, notamment

1. *La Politesse et sa philosophie*, PUF, 1996.
2. Cambridge University Press, 1987.
3. *Op. cit.*, tome 2.
4. Publiée en 1991, aux Éditions Julliard, sous le titre *De la politesse. Essai sur la littérature du savoir-vivre.*

celles de la linguistique, de la sociologie, de la psychologie, de la psychiatrie. J'ai essayé de récolter, sous la forme d'une éthique de la parole complète, ce qui fut semé autrefois, à l'époque de La Bruyère et de *La Princesse de Clèves.*

16

Le règne de l'action

Il y a une ultime raison qui explique que l'éthique de la parole ébauchée au XVIIe siècle ait été freinée dans son développement. C'est le succès foudroyant remporté par l'*éthique de l'action* à partir de la fin du XVIIIe siècle. La plupart des doctrines qui ont vu le jour depuis cette période ont donné la priorité à l'agir. La *vita activa* a été placée au sommet des valeurs.

La morale qui s'est imposée à la fin du siècle des Lumières a été, le plus souvent, indifférente aux échanges verbaux. Elle n'a voulu prendre en compte que les tâches accomplies par l'individu. Elle a interpellé ce dernier non pas sur ce qu'il *dit* mais sur ce qu'il *fait*. Elle a jugé sa conduite non pas d'après sa manière de communiquer mais à l'aune de ses réalisations concrètes, de ses contributions effectives, de ses engagements. Est-ce que tu t'occupes de ton prochain ? Quels actes de générosité, de solidarité, de courage as-tu accomplis ? Quelle part de tes biens ou de ton temps as-tu donnée ? Quelle contribution as-tu apportée au progrès collectif ? Telles sont les questions qui, à partir du XVIIIe siècle, ont servi de critère pour évaluer la conduite humaine.

Petite rétrospective de ces doctrines de l'action. Kant donna le coup d'envoi avec la question qui inaugure sa réflexion morale : « Que dois-je faire ? » Après lui, Marx exalta la figure du révolutionnaire, qui est, par excellence, un homme de la *vita activa.* Le révolutionnaire, souligne Marx dans les *Manuscrits de 1844*, ne se contente pas d'« interpréter » le monde ; il emploie son énergie à le « transformer ». Cette prédominance de l'action caractérisa aussi le catholicisme social, qui prit son essor au XIXe siècle. Les catholiques sociaux (futurs démocrates chrétiens) érigèrent l'action philanthropique en principe de base d'une morale inspirée par l'Évangile. À son tour, Nietzsche fut gagné par cette fièvre activiste : le philosophe de Sils Maria prônait le surhomme, incarnation d'une éthique nouvelle, fondée sur les valeurs de puissance et de combat.

Au cours du XXe siècle, l'appel à l'action ne cessa de retentir. Malraux proclama que l'on est « la somme de ses actes ». Sartre décrivit la condition humaine comme celle d'un être jeté dans le monde sans raison, sans norme, sans repère transcendant, un être obligé par conséquent de se construire, de s'inventer lui-même, ce qui suppose de se lancer dans un « projet » : « Faire et en faisant se faire », résumait l'auteur de *L'Être et le Néant.* Son contemporain Emmanuel Mounier, fondateur du personnalisme dans les années 1930 et créateur de la revue *Esprit*, considérait lui aussi l'engagement, le « bondissement en avant », comme le moyen de se réaliser en tant que « personne ». Saint-Exupéry s'inscrivit dans la même lignée, en énonçant une maxime à la fois modeste et énergique : « Faire sa besogne ».

Après le second conflit mondial, cette primauté de l'agir resta l'article Un de l'éthique. Il est révélateur que les grands modèles moraux qui ont été célébrés par l'opinion dans l'après-guerre étaient des figures de femmes et d'hommes engagés dans l'action. On célébra le résistant qui, pendant l'Occupation, s'était dressé contre le nazisme, le militant communiste qui luttait contre la société capitaliste, ou l'insurgé du tiers-monde prenant les armes pour briser le joug colonialiste.

Dans les années 1980, l'action continua d'être la note dominante de la morale. Les révolutionnaires qui, auparavant, lors des événements de mai 1968, avaient contesté la société et rêvé de « changer radicalement la vie » se rendirent compte que la révolution n'était pas possible, du moins pour l'instant. Les idéologies avaient perdu une grande part de leur crédibilité. Du coup, l'énergie militante de ces révolutionnaires se reporta vers d'autres objectifs : le mouvement associatif, la solidarité, l'humanitaire, l'écologie, la « réinvention du quotidien » (qu'un célèbre numéro de la revue *Autrement* appela, symptomatiquement, les « révolutions minuscules »). Pour ces anciens partisans de la Révolution, il ne s'agissait plus, désormais, de *changer le monde*, mais, modestement, de faire quelque chose, ici et maintenant, dans un rayon limité, afin d'*améliorer le monde*. Quoi qu'il en soit, c'était, encore et toujours, la *vita activa* qui donnait le ton à l'éthique.

Ainsi, de Kant jusqu'aux années 1980, l'action a été le grand attracteur de la morale.

Les raisons de cette affinité entre la morale moderne et la *vita activa* sont d'ailleurs faciles à comprendre. À partir de la fin du XVIIIe siècle, la société est entrée dans une période de changement permanent. C'en est fini de l'immobilité de l'Ancien Régime. Tout se met, en quelque sorte, en mouvement. La démocratie se répand en Europe par vagues successives : 1830, 1848, 1870... L'économie passe en quelques décennies du stade rural au stade industriel... La science et la technique font des pas de géants... L'Europe part à la conquête des autres continents et fonde des empires coloniaux... Bref, à partir de la fin du XVIIIe siècle, la société est devenue un immense chantier, agité de bouleversements incessants.

Dans ce contexte, il était logique que la priorité soit donnée à l'agir et que, corrélativement, on méconnaisse le trésor que constituait l'art de la conversation. Au milieu du tourbillon dans lequel on était entraîné, cet art paisible apparaissait décalé et désuet. Il ne pouvait être, pensait-on, que le privilège de gens oisifs. En exaltant la *vita activa*, la morale moderne n'a donc fait qu'épouser le cours de l'Histoire. Elle s'est focalisée sur le *mouvement*, car elle était obligée de se mettre au diapason d'une société qui, elle-même, était en mouvement permanent.

Le moment n'est-il pas venu de remettre en question cette primauté de l'agir ? Mon livre aura atteint son but si, une fois refermé, il vous aura convaincu que la morale doit s'intéresser désormais autant au *parler* qu'au *faire*. Certes, il faut continuer à améliorer la société, et c'est pourquoi une morale de l'action reste nécessaire. De nombreux chantiers requièrent la poursuite de nos efforts : la solidarité, l'innovation technique et scientifique, l'éducation, la recherche médicale, la transformation du système de santé, la restructuration de l'appareil industriel, la construction de l'Europe, l'aide aux pays pauvres, la régulation de l'économie internationale, la lutte contre la pollution, le développement durable. Ces multiples défis imposent d'agir avec détermination.

Mais il importe aussi de corriger le déséquilibre qui, au fil des siècles, s'est instauré entre l'éthique de l'action et l'éthique de la parole. Cette dernière doit regagner son rang, à égalité avec la première. Pour cela, il faut renouer avec la grande tradition du XVIIe siècle, car c'est dans le creuset de la civilité classique que l'éthique de la parole connut ses premiers développements. Réveillons cette belle endormie... Emparons-nous de cet héritage, en veillant à l'élargir, le perfectionner, l'actualiser. Brisons la gangue de mondanité dans laquelle il a été trop longtemps enfermé. Faisons-le sortir de l'enceinte étroite des salons. Insufflons-lui l'apport des sciences du langage, notamment la linguistique qui étudie les interactions verbales, mais aussi de la psychologie, de la psychiatrie, de la sociologie, trois disciplines indispensables pour décrypter les faits de langage et pénétrer les ressorts de nos comportements verbaux. Ainsi, on donnera à l'éthique de la parole l'assise scientifique qui lui manquait jusqu'alors.

17

La civilisation tient par le fil des mots

Refermons la parenthèse historique qui nous a permis de situer l'éthique de la parole dans le temps et de voir quels étaient ses antécédents. Il faut maintenant nous tourner vers l'avenir. Quels bienfaits découleront de la mise en pratique de cette éthique ? Que sera la société aux couleurs de la parole éthique ?

Dans les sociétés traditionnelles, qu'on appelait naguère « primitives » ou « archaïques », les hommes entretenaient toutes sortes de croyances irrationnelles au sujet du langage. Ils pensaient en particulier que la parole avait la propriété d'influencer les phénomènes naturels. Les mots articulés par les êtres humains étaient censés régler le mouvement des astres, la croissance des végétaux, le cycle des saisons. Dans ces sociétés traditionnelles, le langage humain constituait un élément essentiel du rituel magico-religieux qui permettait, croyait-on, à l'ordre naturel de subsister. *Bien dite*, la parole maintenait le cosmos en ordre. *Mal dite*, elle pouvait provoquer le chaos. Le « signifiant » linguistique constituait, en quelque sorte, le mur porteur du « signifié ». Ce pouvoir magique attribué aux mots a été une des caractéristiques majeures de ce que l'ethnologue Lucien Lévy-Bruhl appelait la « mentalité primitive[1] ». Il a été également une des caractéristiques de la philosophie chinoise traditionnelle ainsi que de la conception du monde de certains peuples de l'Antiquité préclassique.

Les Modernes ont abandonné ces croyances irrationnelles... La science nous a appris que le cosmos ne dépend pas de nous, pauvres humains. Nous ne sommes pas, nous ne sommes plus, le centre de l'Univers. Nous savons que ce dernier a commencé avant nous, il y a quinze milliards d'années, et qu'il continuera d'exister après que l'Humanité aura disparu. Les étoiles suivent leur trajectoire dans le ciel sans intervention de notre part... Le Soleil n'a pas besoin d'être soutenu par nos invocations verbales... Le printemps reverdit chaque année sans que nous ayons à prononcer de formules propitiatoires...

Mais, si la parole n'est pas, comme on le croyait autrefois, le soutien de l'ordre cosmique, si elle n'a pas l'*efficace magique* qu'on lui prêtait, soyons persuadés en revanche qu'elle est un soutien indispensable de... l'ordre civilisé. Les mots sont le ciment qui fait tenir la société.

Il y a à cet égard une étymologie révélatrice, qui mérite de retenir un instant notre attention. C'est celle du mot « conversation ». Jusqu'au XVIIe siècle, la conversation désignait la fréquentation mutuelle des individus. Converser voulait dire « fréquenter ses semblables, entretenir des

1. Cf. *La Mentalité primitive*, Flammarion, 2010.

relations avec eux, vivre avec eux, faire société ». Le mot conversation avait donc le sens matériel de « rapports humains », et non pas le sens immatériel d'« activité langagière ».

Or un changement se produisit au cours du XVIIe siècle. Le mot conversation prit alors le sens moderne qu'il a conservé depuis, celui d'« échange de propos », d'« interactions verbales ». Le sens matériel s'effaça au profit d'un sens uniquement symbolique[1]. Ce changement sémantique, si l'on y réfléchit, est très révélateur. Il révèle que les hommes et les femmes du XVIIe ont pris conscience du fait que l'essence du lien social est formée par le langage. Ils ont compris que la relation entre les êtres humains était essentiellement une relation linguistique, que la substance de la vie sociale était faite de mots, bref, que le « vivre avec » se ramenait au « parler avec ». Et les femmes et les hommes du Grand Siècle traduisirent cette découverte en décrétant, par une révolution lexicale dont il faut louer la clairvoyance et l'audace, que désormais le mot « conversation » désignerait l'« échange des paroles ».

Cette plongée dans l'étymologie nous rappelle à quel point la civilisation dépend de notre manière de parler, de *nous* parler. La qualité du vivre ensemble est conditionnée par la qualité du *parler ensemble*.

Il y a une trentaine d'années, les écologistes américains firent paraître un livre qui connut un grand succès : *Cinquante choses que vous pouvez faire pour sauver*

1. L'ancienne signification subsista jusqu'au XIXe siècle pour désigner les *rapports d'adultère* : ceux-ci étaient encore qualifiés par le code pénal de « conversation criminelle ». Les rapports de police faisaient état de « personnes surprises en conversation criminelle ».

la planète[1]. Leurs recommandations paraissaient dérisoires et anecdotiques : « changer le joint d'un robinet qui fuit », « ne pas brûler les feuilles mortes du jardin », « ne pas jeter les piles usagées dans la poubelle ». Les auteurs de ce livre réussirent néanmoins à faire passer le message suivant : ces toutes petites actions sont absolument nécessaires pour sauvegarder la Terre.

Je propose une paraphrase de ce best-seller : *Cinquante choses que vous pouvez dire pour sauver la civilisation.* Ç'aurait pu être le titre de mon livre si, au lieu d'être un philosophe enclin, par profession et par tempérament, à réfléchir sur les *principes* d'une éthique de la communication, j'avais été un psychologue ou un psychiatre désireux de donner des *conseils pratiques* sur la bonne manière de communiquer. Quoi qu'il en soit, ma conviction est que, pourvu qu'ils soient bien choisis, les mots de tous les jours constituent un rempart contre la barbarie.

Les Grecs n'avaient pas tort de faire du langage un critère de démarcation entre la civilisation et la barbarie. Sauf qu'ils se méprenaient sur le tracé de cette démarcation ! Prisonniers d'un préjugé helléno-centrique, ils pensaient que la barbarie commence quand on parle... une autre langue que le grec. Là était leur erreur. L'étranger n'est évidemment pas un barbare parce qu'il parle une langue différente de la nôtre.

Pourtant, les Grecs avaient eu une intuition juste. Ils avaient compris que la question de la langue et celle de la civilisation sont étroitement liées. Un être civilisé est

1. *Fifty Simple Things You Can Do to Save the Earth*, Berkeley, CA, Earthworks Press, 1989.

un être qui fait un bon usage de la langue. Un barbare est quelqu'un qui mésuse de la langue, qui la dénature, la pervertit, ou bien qui, face à une situation de conflit, la fait taire au profit de la violence. La barbarie commence avec la dégradation des mots, avec le détournement du sens. L'horreur des régimes totalitaires du XXe siècle résidait non seulement dans l'embrigadement des individus et l'extermination de populations entières, mais aussi dans la mainmise sur le langage, dans l'art pervers de tordre le vocabulaire, de distiller le mensonge, de masquer la réalité par des trompe-l'œil : *Arbeit macht frei*... « le travail rend libre »... « démocratie populaire », etc.

Toutes proportions gardées, ce danger de barbarie ne nous menace-t-il pas à nouveau en 2010 ? Certains phénomènes linguistiques actuels ne sont-ils pas le signe que la civilisation, cette fine pellicule à la surface de nos vies, peut aisément se défaire ? De fait, nous assistons à une brutalisation croissante des rapports sociaux, dans la rue, dans les lieux publics, dans les moyens de transport. Nous voyons des communautés ethniques qui ne parviennent plus à communiquer et qui s'affrontent physiquement. Nos *institutions* apparaissent, elles aussi, menacées. Car le bon fonctionnement d'une institution dépend, en grande partie, d'un certain usage du langage. L'école, le système judiciaire, les assemblées démocratiques, etc., toutes ces instances sont des espaces de communication, des lieux d'interaction verbale. La parole qui s'y fait entendre (selon des règles spécifiques à chacune d'elles) est, en quelque sorte, la sève qui les maintient en vie. Si on foule au pied ces règles de langage, on met en péril *ipso facto* l'institution correspondante. Quand, par exemple, un collégien insulte son professeur, il n'est pas seulement coupable envers son maître : il porte atteinte à l'institution scolaire tout entière, car il s'attaque à l'idée civilisatrice qu'elle incarne.

Alors que j'écris ces lignes (avril 2009) a lieu le procès de Fofana, le chef du sinistre « gang des barbares ». Dans l'enceinte du tribunal où il est jugé, l'assassin d'Ilan Halimi a laissé éclater son antisémitisme et son mépris des juges. Par ces paroles agressives proférées en plein prétoire, Fofana a ajouté à son acte criminel un crime qui frappe l'institution elle-même. Il a offensé la Justice, et, à travers elle, l'idéal humaniste et démocratique qu'elle représente, cet idéal au nom duquel, lui, Fofana, bénéficie des droits accordés à tout accusé...

Ainsi, si la parole éthique n'a plus l'*efficace magique* qu'on lui prêtait autrefois, s'il est devenu absurde de penser, à l'instar des peuplades archaïques, qu'elle sert au maintien de l'ordre cosmique, il n'est aucunement absurde, en revanche, de dire qu'elle a une... *efficace civilisationnelle.* Elle assure le maintien de la civilisation.

18

Habermas et l'« éthique de la discussion »

Ce n'est pas tout. La façon de parler n'assure pas seulement un rôle de maintien, en préservant les acquis civilisationnels accumulés au cours des siècles. Outre sa fonction conservatrice, elle a une fonction transformatrice. Elle est un moteur de changement, une force de progrès. Elle peut améliorer la société. L'idée que je voudrais faire partager au lecteur est que l'éthique de la parole permettra aux hommes de s'élever à un niveau de *plus grande civilisation.*

On spécule beaucoup de nos jours sur l'entrée de l'Humanité dans une « nouvelle ère ». En ce début de XXIe siècle, les millénarismes connaissent un regain et l'imagination collective se donne libre cours. On évoque tantôt l'entrée dans le New Age, tantôt la formation d'un « cerveau global », dans le sillage des théories développées au cours des années 1940 par Pierre Teilhard de Chardin. Certains prédisent l'avènement d'une période de spiritualité où le genre humain, tournant enfin le dos au matérialisme, développera son potentiel mystique... Des futurologues annoncent un Gouvernement mondial, une Humanité génétiquement modifiée, une Supra-humanité...

Et si le grand changement à venir était de nature... linguistique ? Si le progrès était... au bout de nos lèvres ? Le nouveau bond en avant de l'Humanité sera peut-être, tout simplement, tout banalement, l'avènement d'une parole éthique. L'avènement d'une nouvelle manière de parler, de *se* parler. Une manière non violente, polie, attentionnée, bienveillante, responsable.

Un tel changement de nos habitudes communicationnelles aurait autant d'impact sur notre avenir que les progrès que nous réservent l'informatique, les biotechnologies, la maîtrise des nouvelles énergies, des progrès qui sont, certes, hautement souhaitables, mais qui seront peut-être ambigus car l'Histoire nous enseigne que les plus belles avancées technoscientifiques sont hérissées d'effets pervers.

C'est ce changement qu'appelle aussi de ses vœux le philosophe allemand Jürgen Habermas, dont la pensée domine la vie intellectuelle contemporaine. Né en 1929, Habermas a mis le problème de la communication au cœur de sa réflexion. Il est le promoteur de ce qu'il appelle une « éthique de la discussion », ou *Ethik der Diskussion*, qui présente quelques similitudes (et aussi des différences que je relèverai plus loin) avec mon éthique de la parole.

L'idée fondamentale de Habermas est que le langage humain est gouverné, de façon implicite, par des règles de rationalité, de sincérité, de responsabilité. Les sujets parlants, explique Habermas, mettent en pratique, de façon plus ou moins consciente, ces règles d'interlocution. Autrement dit, ils se comportent spontanément, au plan verbal, d'une façon rationnelle, sincère et responsable.

Le langage contient donc les germes d'une morale, et c'est cette morale que le philosophe allemand appelle « éthique de la discussion ». Seulement, observe-t-il, cette morale enfermée dans nos interactions communicationnelles reste longtemps à l'état latent. Les êtres humains l'appliquent dans leurs interactions langagières courantes, mais ils n'ont pas forcément *conscience* de sa présence. Il faut du *temps* pour cela. Il faut du temps pour que les individus prennent conscience des valeurs qui sont implicitement au cœur de leur communication naturelle et pour que celles-ci, enfin explicitées, revêtent la forme achevée et complète d'une éthique de la discussion. Ce temps de la prise de conscience et de l'explicitation, c'est justement l'histoire de l'Humanité.

L'Histoire, selon le philosophe allemand, est un processus de maturation grâce auquel l'éthique de la discussion émerge peu à peu de la gangue du langage naturel, passant ainsi de l'état virtuel à un état explicite. La durée historique est nécessaire pour que les ressources morales logées au cœur de la communication spontanée finissent par émerger. Habermas conçoit donc l'histoire humaine comme une mise au jour progressive, une maturation. L'Histoire chemine lentement, obscurément, mais sûrement, vers un état final où l'éthique du langage, enfin dégagée de sa gangue, finira par triompher : cet état final, ce sera une société humaine que Habermas décrit comme pacifique, juste, une société où les valeurs de rationalité, de sincérité, de responsabilité seront enfin pleinement reconnues, où les conflits entre les hommes seront réglés par le discours et non par la force, et où les normes de vie collective ainsi que les décisions communes seront élaborées selon des procédures langagières démocratiques.

Habermas ne pense donc pas du tout, comme Shakespeare, que l'Histoire est livrée à un hasard capricieux, déroulant une chaîne d'événements absurdes qui ne signifient rien... S'inscrivant dans la lignée des philosophes du progrès, Condorcet, Turgot, Kant, Hegel, Marx, il pense que l'Histoire a du sens. Elle est orientée vers un but, vers une destination. Elle poursuit un *telos*, c'est-à-dire un but. Elle est *téléologique.* Yves Cusset, l'un des meilleurs commentateurs français de Habermas, souligne l'importance, dans la pensée du philosophe allemand, de cette « téléologie historique par laquelle l'espèce humaine développe progressivement des dispositions favorables à l'exploitation de ressources communicationnelles structurellement inscrites dans l'interaction langagière normale[1] ».

1. Y. Cusset, *Habermas. L'espoir de la discussion*, Michalon, collection « Le bien commun », 2001, p. 87.

19

Un art de vivre supérieur

Je partage l'optimisme de Habermas. Un optimisme que, au demeurant, l'évolution de l'Europe depuis soixante ans justifie amplement. Les événements auxquels nous avons assisté depuis les années 1950 plaident de façon éclatante en faveur de la conception téléologique de l'Histoire défendue par Habermas. Après des siècles de guerres fratricides, les peuples européens, en particulier la France et l'Allemagne, se sont réconciliés et unis autour d'un projet économique et politique scellé par le traité de Rome. Les chefs d'État et de gouvernement ont pris l'habitude de se rencontrer, de dialoguer, d'examiner pacifiquement, sereinement, fraternellement les problèmes qui se posent à eux, et de trouver des solutions communes. Un Parlement européen a vu le jour. Les citoyens des différents pays, notamment les jeunes, circulent d'un pays à l'autre, et nouent des liens de communication de plus en plus étroits. Tout se passe donc comme si, sur le Vieux Continent, l'éthique de la discussion avait pris le pas sur les anciennes politiques de puissance et de violence.

J'éprouve la même confiance que le philosophe allemand dans la capacité transformatrice du langage. Comme Habermas, je considère que le langage est un instrument majeur de progrès. Mais, je l'ai indiqué au début du chapitre précédent, ma conception de l'éthique de la parole ne coïncide pas tout à fait avec son « éthique de la discussion ». Quelles sont ces différences, et sur quels points, par suite, ma vision du futur diffère-t-elle de celle de Habermas ?

L'éthique habermassienne vise principalement à permettre une confrontation tolérante des points de vue, à rechercher le consensus, à définir des normes morales communes, à régler pacifiquement les désaccords et à instaurer des procédures de décision collective, bref, à créer plus de démocratie.

Mon éthique de la parole a un champ d'application plus vaste. La « bonne parole » dont j'ai dessiné l'idéal dans ce livre n'est pas seulement, en effet, une parole « discutante », « argumentative », « raisonnable », c'est-à-dire démocratique. Elle entend être aussi une parole courtoise, attentionnée, positive, bienveillante, encourageante, tendre, empathique, enthousiasmante, ouverte sur le monde, soucieuse de préserver l'existant, respectueuse de l'héritage linguistique. De ce fait, elle aura, potentiellement, un pouvoir de transformation sociale plus grand que celui que l'on peut prêter à l'éthique de la discussion. Elle n'aura pas seulement pour effet, comme cette dernière, d'introduire plus de démocratie dans le débat public. Elle permettra une transformation de *toutes* les sphères de la société. Parcourons les domaines qui seront changés par elle.

L'entreprise, d'abord. L'éthique de la parole modifiera les rapports entre les dirigeants et les salariés, en instaurant une manière de communiquer moins brutale, plus compréhensive, plus transparente, en propageant une forme d'autorité managériale plus respectueuse de la personne humaine.

L'éthique de la parole changera l'état d'esprit des organismes qui sont au contact et au service du public : l'hôpital, la justice, la poste, les administrations, etc., en généralisant les « bonnes pratiques langagières » (que, il faut le reconnaître, beaucoup de ces organismes ont commencé à mettre en application), des pratiques langagières qui, soulignons-le, devront être partagées : l'usager a le *droit* d'être traité avec courtoisie, mais réciproquement, il a un *devoir de respect* envers les agents des services publics qui travaillent pour lui.

L'éthique de la parole rendra plus convivial le coudoiement quotidien des individus dans les lieux publics, les lieux de loisirs, les lieux de consommation, les moyens de transport.

Elle facilitera l'intégration des immigrés, en exigeant des acteurs du processus d'intégration (aussi bien les natifs que les migrants) une parole courtoise, accueillante, exempte de préjugés. L'éthique de la parole est une des conditions de la mixité sociale et d'une coexistence pacifiée et amicale entre les communautés.

Elle transformera également la famille, en améliorant les rapports entre les conjoints, ainsi qu'entre les parents et les enfants. Elle changera les habitudes éducatives, en mettant en œuvre le principe, si souvent invoqué et si souvent violé, du « respect de l'enfant », principe qui se ramène, pour l'essentiel, à une manière éthique de parler à l'enfant.

Dans cette société dont je rêve, l'éthique de la parole modifiera aussi le rapport aux personnes en situation de faiblesse, les malades, les handicapés, les vieillards, les exclus, les chômeurs. Elle conduira tous ceux qui sont impliqués dans les « services à la personne » à envisager leur tâche non seulement dans une optique d'efficacité et de rentabilité, mais aussi de respect de l'autre.

Tels sont les chantiers où la mise en application de l'éthique de la parole améliorera les relations humaines et, ce faisant, permettra l'avènement d'une civilisation plus évoluée, plus humaine. Une civilisation où l'on verra s'épanouir un *art de vivre supérieur.* Tant il est vrai, comme l'écrivait la philosophe Simone Weil, qu'« on peut ramener tout l'art de vivre à un bon usage du langage ».

20

Face à ceux qui parlent de façon non éthique : la parole résistante

Alors, c'est décidé... Je vais mettre en pratique cette morale du langage. Je vais appliquer les huit règles de l'éthique de la parole. Désormais, je m'exprimerai de façon aimable, positive, respectueuse, pacifique, empathique. Je donnerai au monde un abri dans mon langage, comme le demande Heidegger. J'aurai le souci de ma langue maternelle. Je tiendrai un discours vrai. Je ferai preuve de bonne volonté et de finesse psychologique, c'est-à-dire d'« intelligence relationnelle », afin de prévoir à l'avance l'impact que mes paroles auront sur mon interlocuteur. Je tâcherai d'arrêter sur mes lèvres les mots qui risquent de faire du mal, et de prononcer ceux qui font du bien...

Il y a tout de même une difficulté. Je peux, en ce qui me concerne, appliquer l'éthique de la parole, mais qu'est-ce qui oblige autrui à en faire autant ? Nous ne vivons pas dans un monde angélique. Demain, je serai peut-être confronté à un patron, un parent, un ami, un collègue, un voisin, un compagnon, une compagne qui m'adresseront des paroles malveillantes, hostiles, tyranniques. Comment communiquerai-je avec eux ? Qu'est-ce que je dirai à ce collègue qui me fait la leçon, à cet ado insolent, à ce fonctionnaire qui me rabroue, à cette infirmière qui me parle de haut, à cette belle-mère autoritaire, à ce gendre dédaigneux, à cette belle-sœur dogmatique, à ce père qui me culpabilise, à ce compagnon querelleur ? Comment répliquer à l'Impoli, à l'Intolérant, au Moqueur, au Condescendant, au Provocateur, à l'Humiliateur, à l'Emporté, à l'Ergoteur, au Menteur, au Harceleur, à l'Accusateur, au Louvoyeur, au Manipulateur ? N'est-il pas chimérique de vouloir parler de façon éthique à ceux qui parlent de façon *non éthique* ?

Une première solution se présente à moi. Elle consiste à laisser dire. Adoptant un profil bas, je subis sans broncher. Je fais celui qui n'a pas entendu. J'ai reçu une gifle verbale et je tends l'autre oreille. Je me comporte en « munichois » de la parole. Pour me donner bonne conscience, j'invoque toutes sortes de raisons excellentes qui justifient mon silence. Je me dis par exemple : « Rester impassible face à une agression verbale est le fait du sage », ou : « Il faut préserver des relations pacifiques ; la paix est la chose la plus importante », ou bien : « Il faut être indulgent avec les autres et tâcher de les comprendre », ou encore : « Mon interlocuteur a dit ce qu'il voulait dire ; il est maintenant calmé ; il va changer d'attitude. » Éternelles justifications des munichois, qui sont autant d'alibis dictés par la mauvaise foi... Car en fait, mon absence de réaction n'a d'autre explication que ma faiblesse. Mon non-interventionnisme résulte de mon manque de courage. Il est causé par la peur. De quoi ai-je peur ? De ce qui adviendra si je réplique. Mon imagination me peint par anticipation la catastrophe qui pourrait se produire si j'élevais la moindre protestation. Terrifié moins par autrui que par ce scénario imaginaire, je me réfugie dans le silence.

Nous connaissons ces hommes, ces femmes d'âge mûr qui tremblent encore devant leurs parents... Dans sa biographie de Lyautey, André Maurois rapporte un cas significatif[1]. Les Lyautey étaient militaires de père en fils. Trois générations de soldats s'étaient succédé depuis le Premier Empire. Le père du maréchal Lyautey était lui-même général de corps d'armée. Quand il était en présence de son propre père (donc, le grand-père du maréchal Lyautey), ce général redevenait un petit garçon. Il tremblait en écoutant les remontrances de son père. Un froncement de sourcils de ce dernier le paralysait. Étrange, pour quelqu'un qui avait des milliers de soldats sous ses ordres...

Au demeurant, le refuge dans le mutisme ne porte pas les fruits qu'on en attend. J'ai cru mettre un terme aux assauts de mon agresseur en faisant la sourde oreille. J'ai nourri l'espoir que, ayant proféré les paroles dont il voulait m'atteindre, il sera satisfait et que, par conséquent, il ne recommencera pas. Las... je lui ai ouvert la porte, il va s'y engouffrer. Il a compris que mon silence était une faiblesse et il va prendre l'*habitude* de me parler ainsi. Désormais, son langage inamical pourra pénétrer libre-

1. A. Maurois, *Lyautey*, Plon, 1931.

ment et impunément dans mon territoire intérieur ; il en prendra possession ; il le dévastera. Et je me retrouverai immolé à ses mots hostiles.

Une deuxième solution se présente à moi, qui est diamétralement opposée à la précédente. Elle consiste à me placer sur le terrain choisi par mon interlocuteur, celui de l'agression verbale. Je décide de calquer ma conduite sur la sienne, je deviens son miroir. Je rends « mot pour mot », avec la même pugnacité. Mais, c'est bien connu, ma riposte peut inciter mon adversaire, à son tour, à surenchérir. Je suis alors entraîné dans une spirale de répliques toujours plus vives. Et nous voilà tous deux pris dans une *escalade verbale.* Or, comme dans toute escalade, il y a un moment où l'on parvient à un sommet, à un paroxysme, et ce moment est celui où la violence physique risque de prendre le relais des mots. Au début, on a voulu seulement terrasser l'autre dans l'*élément du langage*, avec les *moyens du langage.* À la fin, excédé, chacun ne cherche plus qu'à détruire cette parole adverse qui l'atteint, à étouffer cette voix qui l'irrite et le blesse. On désire, purement et simplement, supprimer son interlocuteur. (Ainsi, en quelques secondes, un différend entre automobilistes peut passer d'un échange de mots accusateurs à des injures, et des injures à des voies de fait.) Le propre d'une escalade verbale est de conduire, par une sorte de tropisme, vers une zone située au-delà du langage, une zone qui peut être la violence physique directe, ou qui peut être la rupture de la relation, ce qui d'une certaine manière est une forme de violence physique : la rupture est une violence dirigée non pas vers autrui, mais vers les *liens* qui m'unissent à lui, puisqu'elle aboutit à un *acte* de séparation...

Telles sont les deux solutions antinomiques qui, au premier regard, s'offrent à moi lorsque je suis en butte à un interlocuteur qui me parle de façon non éthique. La première solution consiste à me réfugier dans une attitude de soumission. Elle se situe *en deçà du langage.* La deuxième solution consiste à entrer dans une confrontation verbale qui risque de me conduire *au-delà du langage.* Dans la première solution, je « sous-réagis » ; je reste timidement au stade pré-linguistique. Dans la seconde, je « surréagis » ; je dérive vers le post-linguistique.

Ces deux possibilités extrêmes, entre lesquelles on se croit souvent contraint de choisir, ont, en dépit de leurs dissemblances, un point commun : elles sont improductives.

Fort heureusement, il existe une troisième solution, qui se situe à mi-chemin entre ces deux extrêmes. Quel est ce juste milieu ? Il consiste à se tenir à égale distance du non-interventionnisme et de l'escalade verbale, du mutisme capitulatoire et du déchaînement des mots agressifs. Face à celui ou celle qui me malmène par des paroles autoritaires, moqueuses, dénigrantes, péremptoires, humiliantes, culpabilisantes, il va s'agir d'entrer en résistance en me servant de l'*arme du langage* tout en veillant à rester dans l'*élément du langage.* J'utiliserai des mots de lutte en prenant soin que ceux-ci ne deviennent pas des mots de violence. Je contrecarrerai mon interlocuteur en évitant de rompre le fil de la communication.

Pour atteindre cet objectif, pour arriver à articuler cette *parole résistante*, deux conditions sont nécessaires.

D'abord, du courage. Cette parole résistante suppose que je surmonte ma peur. Il me faut « oser ». Oser demander une explication. Oser dire non. Oser dire stop. Oser engager un dialogue. Oser me faire respecter. Oser faire valoir mes droits. Oser prononcer des phrases comme : « je ne suis pas du même avis que toi sur cette question », « je refuse d'être traité ainsi », « nous devons parler de nos relations », « il faut que nous abordions ensemble tel sujet », « discutons ».

En second lieu, je dois faire preuve d'habileté, de savoir-faire pour empêcher la montée aux extrêmes. Je dois conduire adroitement cette communication délicate. À cet égard, les spécialistes de la communication proposent de nombreuses techniques de gestion des interactions en situation difficile. Contentons-nous d'évoquer l'une des plus efficaces d'entre elles. Il s'agit de la « technique de la dissociation ». Elle consiste à *dissocier* la personne que j'ai en face de moi des propos que celle-ci m'adresse.

Ce n'est pas, en effet, *cette* personne que je dois combattre, mais uniquement *son* comportement langagier. Ce n'est pas *elle* que je mets en cause, mais seulement ce qu'elle me dit. Aussi j'éviterai, ou du moins je manierai avec beaucoup de précaution, les messages commençant par « tu » ou « vous ». Je ne dirai pas : « tu es querelleur », « tu me déçois », « tu es autoritaire », « tu es injuste », « tu es blessant », « tu es menteur », et encore moins : « tu n'es *qu'un* menteur », « tu n'es *qu'un* despote », « tu n'es *qu'un* égoïste ».

De telles accusations *ad hominem* sont inadéquates, car elles ne font pas de différence entre la conduite verbale de l'autre et sa nature profonde, entre ce qu'il dit et ce qu'il est. Elles donnent l'impression que je veux écraser mon interlocuteur, le terrasser, alors qu'il s'agit seulement de mettre fin au régime de parole qu'il me fait subir. Elles entretiennent la confusion entre les mots, contre lesquels je suis en droit de me défendre, et la personne qui, elle, doit être épargnée. En disant *tu* à cette personne, d'une certaine manière, je la *tue.*

En outre, des accusations comme « tu es ceci, tu es cela » présentent l'inconvénient d'enfermer l'autre dans une désignation définitive, figée. J'essentialise mon interlocuteur. Du coup, comment puis-je espérer amener ce dernier à changer, puisque mon discours le réduit à une essence, c'est-à-dire quelque chose d'immuable ? C'est contradictoire. Ma riposte verbale doit donc laisser la porte ouverte au changement de l'autre. Je dois lui faire cette concession que son être véritable ne se réduit pas à ses propos mensongers, tyranniques, méprisants, agressifs.

C'est le sens même de la technique de dissociation. Les propos que tient mon interlocuteur doivent être dissociés de sa nature propre. Au lieu de dire « tu es ceci, tu es cela, tu es péremptoire, tu es querelleur, tu es dogmatique, culpabilisateur, harceleur, menteur », je dirai donc : « *tes propos* sont méprisants, péremptoires, culpabilisants ». Ce n'est pas *toi* que j'accuse. C'est *ton comportement verbal.* Ce n'est pas toi qui dois changer, mais les mots que tu emploies.

Telles sont les deux conditions de la parole résistante, c'est-à-dire d'une parole résolue à rester éthique face à un interlocuteur qui se comporte de façon non éthique. Cette parole doit avoir suffisamment de courage pour entrer en confrontation avec l'adversaire, et en même temps suffisamment de savoir-faire afin de limiter cette confrontation. À la manière, au fond, des moines guerriers de Shaolin, inventeurs des arts martiaux dans la Chine du XIVe siècle. Les maîtres de Shaolin nous ont enseigné l'art de déployer notre force tout en la retenant, d'affirmer notre puissance tout en la contenant. La parole résistante que je préconise, c'est, d'une certaine manière, l'*art martial du langage*... Elle repousse les assauts linguistiques de l'adversaire, sans sortir de la sphère linguistique. Elle n'admet pas que ma liberté et ma dignité soient niées par l'adversaire, mais pour autant elle ne cherche pas à l'anéantir. Elle dissuade mais n'écrase pas. Elle est ferme sans violence, protestataire sans véhémence. Elle me permet de m'affirmer face à autrui, c'est-à-dire d'exprimer devant lui mes désirs, mes volontés, mes refus, mes valeurs, mes affects, à la fois sans timidité et sans hostilité, sans pusillanimité et sans agressivité.

Et, de même qu'on met des années pour acquérir la maîtrise des arts martiaux, de même la parole résistante ne s'improvise pas. Rares (et bien chanceux) sont les individus qui en sont doués naturellement. La plupart du temps, la parole résistante requiert un apprentissage. Elle suppose une patiente remise en cause de nos habitudes langagières, une prise de conscience lucide de nos faiblesses et de nos moyens, bref un *travail sur soi*. Un travail sur soi qui réclame parfois une vie entière pour être mené à bien. Avant d'être une victoire sur autrui, la parole résistante sera... une victoire sur moi-même.

Conclusion

L'amitié sociale

Au début de ce livre, j'ai imaginé une sorte de détecteur de secousses sismiques qui, au lieu d'enregistrer les vibrations de l'écorce terrestre, s'appliquerait au langage utilisé par les êtres humains. Cet appareil était conçu pour enregistrer les secousses psychologiques produites par les paroles que nous échangeons jour après jour, heure après heure, minute après minute. En se déplaçant, l'aiguille de ce détecteur révélait ce que le destinataire d'un message *ressent* lorsqu'il reçoit ce message.

J'ai mis cet appareil en marche. Je l'ai promené sur l'immense champ des paroles qui s'échangent au sein des familles, entre amis, entre voisins, entre collègues de travail, dans les lieux publics... Et j'ai eu la surprise de constater que l'aiguille était presque toujours en mouvement. Il n'y a quasiment pas de phrase qui ne produise chez son destinataire une vibration. Toute parole a un impact émotionnel. Elle est éprouvée comme agréable ou désagréable. Elle cause de la joie ou de la peine. Tantôt elle sert à communiquer avec notre semblable, tantôt elle a pour effet de l'*ex-communiquer.* Il y a les mots qu'on emporte au paradis, et ceux qui mènent à l'enfer.

Ainsi, cet appareil de détection m'a permis de prendre conscience d'un fait capital : dès l'instant où je m'adresse à mon semblable, fût-ce pour prononcer une banale formule de politesse, j'assume une *responsabilité.* Je suis responsable de l'impact psychologique de mon langage, de son caractère bienfaisant ou toxique. C'est pourquoi, ayant exploré le vaste domaine de ce que les psychologues et les linguistes appellent fort justement les « interactions verbales », j'ai jugé qu'il fallait tirer de mes observations une règle de vie, c'est-à-dire une éthique. Une éthique qui enseignerait *comment il faut se parler.* Une éthique de la parole.

Hélas... un tel appareil de détection n'existe pas. Il n'est qu'une fiction. Que je le veuille ou non, je ne pourrai jamais lire à livre ouvert dans le cœur d'autrui. Je ne saurai jamais de science certaine quel retentissement mes paroles ont eu sur sa sensibilité. Le for intérieur de la personne qui se tient devant moi me reste impénétrable. La communication humaine obéit à une inexorable loi d'incertitude.

Est-ce à dire que nous soyons totalement démunis et que, lancés en aveugles dans l'océan du langage, nous n'ayons pour tout secours que la pureté de nos bonnes intentions, lesquelles, c'est bien connu, sont le plus court chemin vers l'enfer ? Je ne le crois pas. Car nous disposons malgré tout d'un outil, un outil qui, contrairement à mon imaginaire détecteur, n'est point une fiction. Nous sommes équipés d'un instrument mis à notre disposition par la Nature, qui nous informe en temps réel, à mesure que nous nous exprimons, non pas certes de l'impact de nos paroles sur autrui, mais du contenu de ces paroles et de la façon dont nous les prononçons. Cet instrument, c'est... notre ouïe. Nous avons la faculté de nous entendre lorsque nous parlons. Nous pouvons nous *écouter parler.*

Le professeur de musique répète inlassablement à son élève : « Écoute-toi quand tu joues. » De fait, l'habileté des doigts, la technique ne sont que la moitié de la musique. L'autre moitié dépend de l'effort fourni par le jeune instrumentiste pour s'écouter jouer, et c'est grâce à cet effort qu'il obtiendra ce supplément de beauté qui s'appelle la « musicalité ». Et si nous, les sujets parlants, décidions de jouer désormais notre partition verbale en nous écoutant parler, afin de prendre conscience de nos habitudes communicationnelles qui ne sont pas toutes de bon aloi, et de déraciner les mauvaises herbes langagières qui, au fil de notre vie, ont enfoncé leurs racines ?

« Qui n'a point réfléchi au langage n'a point réfléchi du tout », remarquait Alain, en pensant en particulier aux philosophes qui élaborent des théories compliquées, échafaudent des systèmes, écrivent des livres savants, sans jamais prendre le temps d'examiner l'instrument du langage au moyen duquel ils créent tout cela. L'auteur des *Propos* avait pleinement raison. Encore faut-il que cette réflexion sur le langage ne reste pas générale et abstraite. Il faut aussi lui donner la forme d'un examen personnel, intime, et c'est pourquoi je compléterai la pensée d'Alain par le précepte suivant : « Qui n'a point réfléchi à son *propre langage*, c'est-à-dire à sa manière de parler, ne se connaît pas lui-même. » Prends la peine de t'entendre, et tu sauras qui tu es...

Et, du même coup, tu apporteras ta contribution à cette tâche, ô combien salutaire, qu'est l'*écologie.* Je ne fais pas allusion ici à l'écologie qui vise à sauvegarder la Terre, à préserver l'harmonie des hommes avec le milieu naturel, et dont l'impérieuse nécessité s'impose désormais à tous les esprits.

Je fais allusion à une autre écologie : l'*écologie humaine*, c'est-à-dire la qualité de l'*environnement humain*, ou encore l'harmonie des hommes entre eux, harmonie qui dépend, pour l'essentiel, de leur manière de se parler. Je fais allusion à la politesse, au respect mutuel, à la douceur, à la délicatesse, à la cordialité, à l'accueil, à la disponibilité, à la patience, à l'indulgence, à la tolérance. Et à la bonne humeur. Et au sourire.

Je fais allusion aux égards que nous avons les uns pour les autres dans notre quartier, dans la rue, dans les moyens de transport, dans les lieux publics. À la courtoisie dans les établissements d'enseignement. À la confiance et à la considération dans l'entreprise. À la manière de s'adresser aux enfants. Ainsi qu'aux mille et un problèmes, incidents, conflits, désaccords, anicroches, démêlés qui surgissent inévitablement dans la société moderne, occasionnant si souvent des réactions brutales de notre part, alors qu'il serait si facile de les régler pacifiquement.

Bref, en parlant d'écologie humaine, je fais allusion à l'*amitié sociale.* Cette précieuse amitié, cette *philia* qu'Aristote considérait comme le fondement même de la Cité, et qui manque cruellement de nos jours.

Table

Du même auteur :

De la politesse, Julliard, 1991, Grand Prix de l'Académie française.

L'Humanicide. Pour une morale planétaire, Plon, 1994.

La Spiritualité totalitaire. Le New Age et les sectes, Plon, 1995.

L'Idéologie du New Age, Flammarion, 1996.

Le Principe de Noé ou l'Éthique de la sauvegarde, Flammarion, 1997.

Le Mal, Flammarion, 1998.

Le Culte de l'émotion, Flammarion, 2001 ; J'ai lu, 2003.

Le Courage réinventé, Flammarion, 2003.

Le Développement personnel, Flammarion, 2004 ; Marabout, 2008.

Le Fabuleux Destin des baby-boomers, Éditions de l'Atelier, 2005.

Avoir un idéal, est-ce bien raisonnable ?, Flammarion, 2007 ; Marabout, 2008.

Se réaliser. Petite philosophie de l'épanouissement personnel, Robert Laffont, 2009 ; Marabout, 2010.

Éloge du patriotisme. Petite philosophie du sentiment national, Robert Laffont, 2011.

Composition réalisée par Datagrafix

Achevé d'imprimer en janvier 2012 en Espagne par
BLACK PRINT CPI IBERICA, S.L.
08740 Sant Andreu de la Barca (Barcelona)
Dépôt légal 1re publication : février 2012
LIBRAIRIE GÉNÉRALE FRANÇAISE
31, rue de Fleurus – 75278 Paris Cedex 06

30/1888/4